斎藤一人
開運つやメイクと魔法の法則

舛岡はなゑ 著
Hanae Masuoka
ひらいみも 絵

PHP研究所

はじめに

みなさん、感謝してます。

累積納税額日本一の実業家、斉藤一人さんの弟子、舛岡はなゑです。


あなたには、今、変えたい何かがある。

だから、この本を手にしたのだと思います。

自分はこうなりたい、こんなことをしたい、なのに、いま一つ、うまくいかない、進まない。

もしかして、望んでないほうにずるずるズレて、「これはマズいな」と思っていませんか？


その問題、おまかせください、解決する方法がこの本にあります。

あなたの思いがかなう〝本当の成功法則〟を、師匠の一人さんにかわってわたくしがお伝えします。

一人さんは、昔からよく、こんなことを言っていました。
「外見を変えると人生が全然、違ってきちゃう。人生ってのは、見た目が一〇〇%なんだよ」って。

「人生一〇〇%、見た目」のなかでも、もっとも影響力が大きいのが、顔。
誰でも、どんな環境にあっても、人生を天晴《あっぱれ》なまでに好転させる、そんな一人さん流「福をまねく顔のつくりかた」を教えます。

男性、女性、年齢を問わず〝自分〟をバージョンアップする、そのうえに、仕事や恋愛、友だち関係、夫婦や親子の関係、あなたの人生にますますステキなことが起きる――そんな魔法のノウハウ満載です。

あなたに、すべてのよきことが、なだれのごとく起きます☆

著者・舛岡　はなゑ

斎藤一人　開運つやメイクと魔法の法則　目次

第2章
奇跡の顔パワーさく裂
～しあわせの顔づくり・基礎編

第3章　自信と魅力みなぎる顔づくり
～魔法のメイク編

第4章

いい男・いい女は、密《ひそ》かにやっている 若返る、年々魅力が増す顔づくり

装丁　根本佐知子（Art of NOISE）
編集協力　道井さゆり
ヘア＆メイク　舛岡はなゑ
撮影　善本喜一郎（KiPSY）
モデル　三浦絵美

第1章

男も女も人生は顔だ！
顔で運命は拓《ひら》かれる

方向転換しよう！――一人さん流・運命の拓《ひら》き方

現状維持でいいや、と思うと、必ず現状より下に落ちる――。
これは昔、一人さんから教わった、この世の仕組み。
現状より下に落ちるんだったら
常に、今の自分より一つ上にあがる
努力をしていたほうがいい。
ただ、世の中には、がんばってるのに
成果が出ない人もいる。
一生懸命しあわせになろうと努力してるのに、
しあわせ感がイマイチだとかいう人もいる。
あなたは自分の運命を嘆いたり、
うまくいかないことを他人《ひと》のせい、
環境のせいにしたりしないで、
ひたすら、自分の努力が足りないんじゃないかと思っていろんなことをしてきたんだと思います。
そんなあなたに、一人さんだったら、
常識とはちょっと違うことを言うはずです。
なぜなら、うまくいかないときは、
自分が向かうべき方向に向かっていない。

間違ったほうに向いているから、
行けども行けども目的地に着かない。
一人さんは言います。
「がんばればがんばるほど
目的地から遠ざかっちゃう、
その人の方向感覚を狂わせるものの一つが、常識。
常識とは、ふつうに生きていくのに役立つことだから、
常識だけでは成功できない。
だって、ホントに常識で成功できるんだったら、
常識的な人はみんな成功してるはずだよね。
だから、成功とはね、常識以上なんだよ」
というわけで、
あなたには方向転換をおすすめするのですが、
どこに向かうかというと、「顔」です。
自分の顔をよりよくする。
あなたの顔を見た人が、
「しあわせそうだな、この人」
と思うような顔をつくりあげていく。
そこから、あなたは
〝しあわせの道〟がどんどん開けていくのです。

仕事好きな顔だから出世する

出世する条件は何ですか？　――と、
たずねられたとき、
一人さんやまるかんの社長たちがあげる項目のなかに、
仕事好きであることが入っています。
「自分は仕事大好き人間です」
「この仕事とめぐりあえて、
わたしはホントにしあわせです」
と言うのは〝いいこと〟です。
でも、それだけでは不十分！
上司があなたを見たときに、
あなたが仕事好きに見えなきゃいけない。
いつも笑顔で、楽しそうに働いているのが、
ひと目見てわからなきゃ。
がんばってるのに出世しない人の最大の原因は、
上司から好かれていないことです。
たいがいそういう人はブスッとした顔で働いています。
その顔、嫌々働いているように見えるからダメ。
NGです。

それから、口では「仕事が楽しい」と言ってても、
顔につやがなく、肌がカサカサしてくすんでたら、
仕事がつらそうに見える。
顔につやがなく、くすんでるということは、
顔の油分が足りなくて血行がよくないか、
面白くないことばかり考えてるか、
いずれにしろ仕事のできる人には見えません。
そういう暗そうな人を評価する会社・上司っていない。
少なくとも、
一人さんや一人さんの仲間の会社ではありえません。
まずは誰からも愛される笑顔の訓練が大切です。
笑顔って簡単に言うけれど、ほとんどの人は
練習しないとできません。
鏡の前で最高の笑顔を練習してみる。
毎日やってこれだという笑顔にめぐりあうまで
十日くらいはかかるものです。
笑う練習をするたびにあなたの中から
福の神があらわれて
すべてをいいほうにと運んでくれますよ。
これほんと。

八百屋の役なら、売れてる八百屋

この世はお芝居だよ――って、
一人さんは言います。
監督は神さまで、わたしたち人間は役者。
たとえば、神さまに
「あなた、八百屋さんの役をやってください」
と言われたとき、
役者は「どういう八百屋さんだろう」と
自分のなかでイメージを膨《ふく》らませて役作りをします。
地域でいちばん人気の八百屋をイメージすれば、
舞台の上でその通りの八百屋さんになって、
ハッピーなストーリー展開になるけれど、
イメージしたのが
いちばん不人気の八百屋さんだったら
全然、真逆になっちゃう。
この世もそれと同じで、
自分の家がおそば屋さんだったら
「自分ちはこの町でいちばん人気のそば屋だ」
と思うか否かで、売り上げから何から全然違っちゃう。

なぜなら、「いちばん人気の八百屋だ」
と思って仕事をしだすと、
笑顔から接客から何から何まで
「いちばん人気の八百屋」のつもりで行動する。
その結果、自分が役作りした通りのそば屋になる。
成功する、という。一人さんはこう言います。
「みんな見事に役作りしてる。
しあわせな人って、顔から何から全部、
しあわせな人の役作りしてるから、
もっとしあわせになるんだよ。
不幸な人は、見事に不幸な人の役作りしてるの。
髪型から着てる服の色、表情、言葉、肌色・肌質まで、
頭のてっぺんから足の先まで全力をあげて不幸になってる」
考えてみて。あなたが芝居の監督だとしたら、
不幸そうな顔をしてる役者さんにしあわせな役は与えない、
不幸な役をさせるでしょ。
不幸そうな顔は不幸を呼び寄せるだけ。
自分の顔がハタから見てしあわせそうに見えなきゃ。
「人間、外見じゃない」と言うけど、
一〇〇％外見と言っていいぐらい、外見って大切なんです。

一人さんからのメッセージ

引き寄せの法則ができないのにはワケがあるんだよ

ケーキでも何でも、食べものって味がよくなかったら売れない。それで味がいいのは、そんなのはプロとして当たり前のことで、さらに見た目がおいしそうじゃなきゃいけない。お客さんがひと目見て食べたくなるように見えなきゃ、「これ、頼もう」って気にならない。

人間もそれと同じ、人生の成功もいっしょなんだよ。見た目が大事なんだよ。

人生って、自分が思った通りのことが起きる。引き寄せの法則といって、マイナスの思いをしてると、マイナスの現象を引き寄せる。だから、無理にでも「今、しあわせ」って思おうよ、「生まれてきてしあわせだ」って言おうよ、って、一人さんは言うんだよな。人生の成功法則って、まず、それが一つ。

そして今、この現状を「しあわせ」と思ったとき、周りから見ても、あなたがしあわせそうに見えなきゃいけない。見た目が大事なんだよ。

たとえば、あなたの仕事の能力が一〇とする。あなたが笑顔で楽しく働いてる

姿を上司が見ると、「おっ、ガンバってるな」と目をかけたくなる。能力の一〇×《かける》、見た目一〇、イコール自分の値打ちはなんと一〇〇なんだよ。ところが、能力だけだと一〇の評価しかもらえない。わかるかな。

今この現状を「しあわせだ」と無理やりにでも思って、人生、歩いてると、たいがいはうまくいくんだよ。でももしうまくいかないとしたら、ハタから見てしあわせそうに見えてないから。世間があなたを見て、「あなた、しあわせそうだね」って言ったとき、一〇×一〇になって、ホントにしあわせが寄ってくる。

だから、外見って、すっごい大切。人生の成功、しあわせって、思うだけじゃダメなんだよ。今をしあわせと思ってても、顔がしあわせそうじゃない、このアンバランスがあるうちは、しあわせになれない。だって、周りの人の目に映るあなたの顔が不幸そうだと、周りはあなたを不幸な人間として扱うんだよ。

常に、今いる場所で「しあわせ」と思い、見た目がしあわせそうなら、必ずしあわせがやってくる。しあわせに見える人には際限なくしあわせが、不幸に見える人には、際限なく不幸が寄ってくる。無理やりでも今をしあわせと思う。目がさめてしあわせ。息ができてしあわせ。何でもいいからしあわせと思う。

あなたが今ここで笑って、しあわせそうな明るい顔してることが大事。こんな簡単なことでしあわせがやってくる。これ本当だからやらないと損だよ。

顔で得する人、損する人

あなたは果物屋さん、
リンゴの仕入れをしにやってきました。
目の前に、今、
リンゴがたくさん入った段ボール箱が二つあります。
両方とも甘くてとてもおいしいのですが、
片方の箱に入ったリンゴは、
皮が黒ずんでいたり、色が悪いものばかりで、
もう片方の箱のリンゴはキレイです。
あなたが仕入れるのは、どっちのリンゴ？
当然、キレイなリンゴのほうでしょう。
でも、「リンゴ」を「顔」に置きかえると、
「顔よりも中身が肝心」という人が意外と多い。
ちなみに一人さんは昔から、
「顔は日ごろ、いちばん他人《ひと》と接する部分で、
大事だよ」と言っていて、
いつも笑顔で顔につやを出しています。
弟子たちも師匠をマネて
顔のお手入れに余念がなく、

女性たちは笑顔だけでなくさらに、

「どういうメイクをしたら自分がどう見えるか」

も気にかけ、自分の顔に磨きをかけてます。

自称・内面重視派の方は、

「外見ばかり気にして」

とか言ったりするけれど、
一人さんはこう言います。

「中身がいいなら外見もよくしようよ。
見た目に内面がともなうこともあるんだよ。
魚屋のプロは
マグロのシッポを切った断面見りゃ
中身のよし悪しがわかるのと同じで、
外見を見ると中身が知れる。これ本当だよ。
自分の顔をよりよくしようと努力してる人は、
いつも笑顔で
自分の心も美しくしよう、
人の心も大切にしようって、
それが顔に出てるの。
だから、顔を大事にしている人は
仕事でも人間関係でも
何でも、うまくいく。
男性も女性も、
人生うまくいってる人は
必ず、男性だったら笑顔でつや、
女性だったら笑顔とメイクに
気をつかってるの」

損して元がなかなか取れない第一印象

人って、意識するにしろ、しないにしろ、
瞬間的にいろんなことを思ってる。
テレビのCMでちょこっとだけ流れた曲を聞いて、
「あ、この曲いいな」とか。
本屋さんで何気なく手にした本の目次に
さーっと目を通した瞬間、
「おもしろそう」とか、「何かいい感じ」とか。
それから、誰かと「はじめまして」のあいさつを
交わした瞬間、お互い相手の顔を見て、
「メガネがよく似あって頭よさそう」とか、
「仕事できそう」「楽しそうな人」
「目がやさしそうだ」とか、いろいろ思います。

顔が第一印象の決め手、
といっても過言ではありません。
やっぱり、いい印象を与えたい。
悪い印象を与えたら、損です。
なぜなら、相手のなかでできあがってしまった第一印象を
修正するのは結構、至難《しなん》の業《わざ》だったりもする。

だから職場で、上司があなたの顔を見て、
「カンジ悪いな」という第一印象をもってしまったら、
その後、なかなかどうして一筋縄ではいかない。
だから、男性も顔づくりが大事。
女性ももちろん、自分の顔をちゃんと手入れして、
明るく若々しくしあわせそうにしていかなきゃいけない。
人は他人《ひと》の顔をたった〇・一五秒見ただけで、
好感度を評価できるそうですが、
笑顔の人は、男性も女性も、
プラスに評価されたり、
人から協力を得られやすかったり、
周りから大切に扱われる——ということが
心理学のほうでも言われてるし、
実際に、わたしの周辺を見ても、
「やっぱり、そうなんだね」としか言いようがない。
だから、自分の顔をお手入れして
笑顔でしあわせそうにしておかなきゃ。
顔立ちがどうであれ、
ちゃんと手を加えれば顔は美しく若々しくしあわせそうになるし、
顔で相手に悪い印象を与えることはゼッタイにないのです。

はなゑさんからのちょっといい話

自分の波動をよくしたいなら、まず見た目！

しあわせのことで、よくこんなことを言いますね。

「目の前に起きている現象がしあわせだったり、不しあわせなのではなく、それをどうとらえるかによって、人はしあわせになったり、不しあわせになるだけなんだ。しあわせになるには楽しいことを考えればいいんだ」

確かに、その通りなんだけど、一人さんはこう言います。

「見た目を変えるのがいちばん早いんだよ」と。

たとえば、女性の場合、「なんだかやる気が出ないなぁ」と思ってしまうような朝でも、ばっちりキレイにメイクした自分の顔を鏡で見たときは、もうルンルン♪　心が勝手にはずんじゃう。

そうすると、その日一日の、気愛《きあい》（一人さんは気合を「気愛」と書きます）の入りかたも全然違う。

ホントにちょこっと、見た目を明るく華やかにしただけで気分は上気元《じょうきげん》（一

人さんは上機嫌を上気元と書きます）。なかから素晴らしい波動が出てきます。

男性だって、もちろん、顔づくりをどうするかで全然、違いが出てきます。たとえば、中高年男性で眉毛を伸び放題にさせている方の場合、その眉毛が若々しさを損《そこ》ねている原因の一つだったりします。

そこで、眉毛の下のほうをチョンチョンと切ったり、全体的にぼさぼさしてるのを整えてさしあげると、マイナス五歳ぐらい若く見えるんです。

顔が若々しくなってくると、気持ちまで自然と若々しく元気になっちゃう。

そこへさらに、顔に油分を補ってつやつやにしてさしあげると、もっとステキ！　自分に誇りをもって堂々としてる、カッコいいのです。

その見た目、カッコいい自分になったとき、思わず笑顔で、「ヨッシャー」と言ってしまうような気分についなっちゃう。見た目に気持ちが後からついてくる。

だから、顔ってホントに、いろんな意味で、すごい大事です。

キレイなエビじゃなきゃ鯛は釣れない（笑）

人に好かれる人は、仕事でも、
近所づきあいでも何でも、
たいがいのことはうまくいきます。
問題は、どうやったら好かれるか、
好感度を高められるか。
たとえば、男性で、
精神的な本をたくさん読んで勉強してるけど、
自分の顔や外見は一切おかまいなしで
眉毛は伸び放題、肌もガサガサくすんでいる。
こういう人と、
日ごろからちゃんと顔のお手入れをしている、
笑顔で清けつそうな男性。
どちらが好感度が高いかというと、
もちろん笑顔で清けつそうな男性。
しかも、周りは、その男性の実力や
人間性を実際以上に高く評価してくれる。
一人さんは言います。
「たとえば、あなたの店で鍋を売るとする。

お客さんが家で鍋を使うときは
いっぺん洗ってから使うからって、
店に置いてあるときはホコリがかぶってても
いいんだって思わないよな。
ホコリだらけだと売れないと思うだろ。
人間の顔もそれと同じなの」
顔のお手入れをして印象をよくしていれば
誰でも好感度があがるのに、
やらなかったら職場の上司はあなたを
評価してくれない、
お客さんはあなたの店で買い物をしない。
もう一つ言うと、顔が人生を決める。
一人さんはこう言います。
「たとえが悪くてゴメンなさいだけど、
顔って自分が釣りたいものの
エサみたいなもんなんだよ。
鯛を釣りたかったら、
ミミズじゃダメなんだよ、
キレイなエビじゃなきゃ鯛は釣れないよ（笑）」って。
だから、俗に「玉の輿《こし》に乗った」

といわれる女性たちが一様に、上品で、
女優さんのようなメイクをしているのは、
旦那さんの好みに合わせてる。
エビをつけたから鯛が釣れた、という（笑）。
だから自分が誰に好かれたいか、
TPOに応じて
自分の顔をつくってかなきゃ。
ただ、誰に好かれるにしろ、
日々のお顔のお手入れは、
老若男女の別に関係なく、
TPOによらず、
次章で紹介する黄金律に則《のっと》ってやるべし。

隠しても見られてる、あなたの内面

男の人も女の人も、ある程度、
モテなきゃいけない――というのが、
一人さんの昔からの持論。
モテなきゃいけない理由は、
人は思ってることが顔に出るから。
たとえば、うれしいことを考えると
自然とうれしそうな顔になるし、
悲しいことを考えていたら泣き顔になる。
何日もまったく食べてないと、
「空腹を満たしてくれるものなら、何でもいい。
味はどうでもいいから、とにかく食べさせて」
とか思い、それが顔に出る。
だから、恋愛経験に乏《とぼ》しく、
パートナーを欲しがってる人は
お腹が空《す》いてるときと同じだから、
周りの人は「この人、女の人（男の人）だったら
なんでもいいんだな」と察知する。
さらに、類友の法則といって、

「なんだっていい」と思ってると、
自分の目の前に、ある日突然、
同じ「なんだっていい」という考えの人が現れて、
つきあったりする。そして
「なんだっていい」と思われたなりの扱いを受ける。
だから、人はモテなきゃいけないし、
モテるためには魅力のある顔づくりをしなきゃいけない。
「そんなの、計算高くってヤだなぁ」
なんて言ってちゃダメね。
いつも笑顔で前向きな言葉を話し、
外見にちょっと気をつかっていれば、たちまち
モテるようになりますよ。
これ、本当。やらなきゃ損ですよ。

顔にできものがあるとき

一人さんによると、
不平不満を持つとブツブツ言うから
ブツブツが出る、
ふくれるから顔に〝ふくれ〟が出る。
ホントかウソか、今度、
自分の顔にブツブツなどができたときに、
ふりかえってみてください。
「自分は誰かに不平不満を持ってなかったか」
「ふくれてなかったかな」って。
もし、身に覚えがあれば、
それをやめればいいんです。

シミが増えてきた

ストレスがあるとき、
シミが増えだしてくることがよくあります。
ストレスを感じると、人は呼吸が浅くなるうえに、
血管も緊張して、全身や毛細血管に
十分な血液がいきわたらなくなってしまいます。
すると、健康な肌をつくるのが
難しくなってきてシミができる。
ところが、脳の栄養をとったり
考え方を変えたりして
ストレスに対する抵抗力を向上させると、
くすみ肌が改善することがあるのです。

眉間《みけん》にシワ

思いつめて考えごとをしているとき、
思い悩んでるとき、知らないうちに
眉間の辺りに力が入りシワがよっている。
たいがい、悩んだまま寝るから、
寝てる間も眉間にシワがよっている。
そして、それがクセになり、
眉間にくっきりシワが刻まれてしまいます。
だから、なるべく笑顔でいてください。
笑顔でいると、若返りホルモンが出るし、
眉間にシワがよりません。
また、いわゆる〝第三の目〟が開いて、
いいアイディアがひらめきます。

くすみのある顔

不平不満、グチ、泣きごと、
悪口、文句、心配ごと……ｅｔｃ。
自分の機嫌も
周りの人の機嫌も悪くなる
マイナスの言葉を口に出したり、
心に思うことが多い人の顔は
くすんでいます。
マイナスの言葉は陰の波動。
マイナスの言葉を口にしたり
心に思っていると、
その陰の波動が顔に出るときに
黒っぽく見える、
「あの人の顔、くすんでるな」と。
それと、信じられないかもしれないけど、
あなたが気がつかないうちに、
あなたの出してる
陰の波動と同じ浮遊霊がくっつきます。
たいがいの人はとりつかれてること
にまったく気がつきませんが。
浮遊霊はさらに顔をくすませ、
人生までくすませる。
心身の不調・病気をはじめ、
仕事運の低迷、事件・事故など、
とりつかれた人を不幸へ、
破滅へと追いやるのです
（詳しくは拙著『斎藤一人　福の神がついてる人
貧乏神がついてる人』ＰＨＰ研究所刊をどうぞ）。
マイナスの言葉はＮＧワード、
思わない・言わないと心に決めてください。

✳明るいつや顔

浮遊霊をこわがる必要はありません。
ましてやお祓《はら》いなどでお金をとられるのは
もっての他です
波動が違えば、浮遊霊は近寄れない。
具体的に言うと、
笑顔で肌色が明るくつやがあればいいのです。
こういう顔は、浮遊霊にとりつかれない、
運のいい人。
こういう人は、日ごろマイナスの言葉を
口にしたり、思ったりしません。
明るいつや顔の人が日ごろ、
使っている言葉は、
たとえば、愛してます、
ついてる、うれしい、楽しい、
感謝してます、しあわせ、ありがとう、
ゆるします……etc。
自分も周りの人も機嫌がよくなって
しまうようなプラスの言葉。

そんな言葉をあなたが口にしたり、心に思うと、
ついてた浮遊霊がとれて
あなたの波動が陰から陽に変わり、
運勢がよくなります。
浮遊霊はカラ元気でも
笑顔とプラスの言葉でじゅうぶん退治できます。
ついうっかり、不平不満とかグチ、泣きごとといった
マイナスの思いをしたり、口にしたときは、
プラスの言葉で波動を切り替えて！

はなゑさんからのちょっといい話

いつも上気元な人の技

毎日まいにち、明るく楽しいプラスの言葉で過ごすのは難しい――そんなことを、あるとき、人に言われました。そのとき、わたしは自分は何てついてるんだろうと、しみじみ思ったんですね。

なぜかというと、日ごろ、マイナスの言葉を使う機会が一つもないから。

たとえば、この前、仲間のまるかんの社長たちと車で高速道路を走行中、車線変更をした車が無理やり、わたしたちの車を押しのけて前に入ってきたんです。

最初は、みんなで「達人だね」と言って笑ってたのですが、そのうち誰かがこう言った。

「どうします？　あの車、この拳銃（手の形が拳銃）で撃っときますか？」

すると、車のハンドルを握ってる人が「じゃあ、撃ってください」と言う。

みんなは一斉に、前を走る車に銃口を向けてかまえ、車のなかから「バーン」「バーン」「バーン」って、おかしいでしょう、わたしたちって（笑）。

こういうことがあったらユーモアで返す、その練習を、一人さんは昔から、わたしたちにさせてくれていました。何度も何度もやってるうちにクセになって、笑いに変えられるようになっちゃったから、マイナスの思いもしない、マイナスの言葉を言う機会もないのです。

スゴいですね——って言うけど、そんなことないですよ。コツはね、いちいちカッカしたり、ビクビクしたり、心配して暗くなってると、どうなるかをよく知ればいいだけなんです、ある意味。

いちいちマイナスの思いをしてると、自律神経のバランスが崩れて、体も心も具合が悪くなっちゃうは、浮遊霊にとりつかれてフケるうえに、「あいつは気の短いイヤなヤツだ」とか思われるは（笑）。いいことは一つもない。

おまけに、浮遊霊にとりつかれてこの世でさんざんな目にあった挙げ句、死んだら天国の扉はかたく閉ざされてて、なかに入れてもらえない。そのことがよーくわかってたら、怒る三秒前ぐらいに「上気元、上気元、上気元」と唱えるとか、それこそ命がけで、気持ちを切り替えようとしますよね。

はなゑさんの言ってることはわかります、でもね——って、あなたが本当にわかるまで修行が続きます。

今、神の愛により、すべてのことが、うまくいっています。

魅力ある顔は〝キレイ〟より上

こんなこと言ってゴメンなさいだけど、
どんなに顔立ちのいい美男美女でも、
ずっと見てると飽きちゃった、という経験ありません？
逆に、顔立ちが個性的で、決して美人じゃないのに、
「味がある顔だな。ずっと見ていたいな」と思う人もいる。
たとえば、ジェニファー・ロペス。
わたしは、ジェニファーが大好きで
ずっと見てるうちにどんな美人よりきれいに見える。
それから最近わたしが気になってるのは、
「トランスフォーマー」に出てた
ロージー・ハンティントン＝ホワイトリー。
ロージーは、パッと見、「えぇっ！　この人……」
と思うのだけど、彼女の隣にどんな美人がいても、
ロージーにどんどん目が行く、魅《ひ》かれてしまう。
この違い、どこから出てるかというと、
その人の生き方や考え方。
味があってずっと見ていたい顔の人は、
生き方が素敵で、考え方が魅力的。

乗り越えた顔だから〝克つ〟

たとえば、二〇代までの顔は
その人が持って生まれたもので、親の責任だけど、
三〇代を過ぎたら〝顔のよしあし〟って、
自分の責任。生き方が顔に出る。
笑顔や顔づくりのお手入れもきちんとやり、
一つずつ自分を高めていこう——とかいう
魅力的な考えをもち、魅力を積み上げ続けてる。
そうすると、それが顔に出る。
いくつになっても味があって魅力的な顔してる。
一人さんは言います。
「不思議だけど、生まれつきキレイな顔よりも、
ちゃんと手入れしてキレイにしてる顔のほうが
飽きないよな。
たとえば、芸能界でも
都会的な顔の人ほど長く続かなくて、
一見、ちょっとザンネンかなっていう
個性的な顔のほうが
人気あったりするだろ。

ちょっと個性的な顔のほうが、
段々、段々、味が出てきて、
豊かさもにじみ出てきてって、
どんどん、いいほうに変化するから
飽きないし、魅力的なんだよ。
前よりちょっとステキ、もっとステキって、
変化していくことが魅力的。
それは、顔立ちだけの問題じゃなくて
以前の自分にはやれなかったこと、
難しいことにも挑戦して、
どんどん自分を磨いている
内面が顔に出るからなんだよ。
こういうのを〝克つ〟というんだよ。
生まれつき顔立ちのいい
美男美女は〝勝つ〟なの。
それで、自分を改良して克ってきた人間と、
生まれつきの〝勝つ〟が
魅力競争したらゼッタイ〝克つ〟が上。
だから、誰でも魅力的になって克てるんだよ。
こういうのを勝ち《(かち)》《(克)》を克服したっていうんだよ」

一人さんからのメッセージ

魅力って、生まれつきのものじゃないんだよ

オノ・ヨーコさんって、いるじゃない？　ジョン・レノンと結婚した。はなゑちゃんやなんかは、あの人を見て「カッコいい、カッコいい」って言うし、オレも、すごい魅力的な人だなと思うんだよ。けど、最初からじゃなくて、たぶん、自分を磨いて、磨いて、今みたいになったんだと思う。

何が言いたいかって、魅力って生まれつきのものじゃないんだよ。

自分の顔を大事にしてなかった人が眉毛を整えたり、クリームつけたり化粧しだしたり、明るい色の服を着るようになったり、何かにつけてオドオドしてたのが堂々としてきたり、一個ずつ〝よさ〟がプラスされていっている状態が魅力的。

前より一歩、さらにもう一歩、苦しみながらじゃないよ、楽しみながらよりステキになっていく。だって、自分がステキになって魅力的になっていくことが、なぜ苦しいの？　苦しいワケないだろって、楽しいに決まってんの。

だから、一個いっこ、自分を磨けばいいんだから、誰でもステキになれる。みんな無限の可能性があるんだよ。

「でも、わたし、素材があまりよくなくて……」って、そこからはじめればいいんだよね。

ヘンな話、素材がザンネンであればザンネンであるほど、上がり幅がすごいんだよ。見てる側の人間は、そこに魅力を感じちゃうんだよね。

だから、魅力というのは「ここから、ここまであがった」という距離感。どのぐらい高いところにいるか、じゃなく、どのぐらいあがったか、なの。

だから、元から顔立ちのいい人だと、「どれぐらいあがった」のか、わかりづらいんだよ。わかるかな。

たとえば、海抜〇メートル地点から一メートル上にあがったより、海底一万メートルぐらいにいた人が海抜〇メートルにあがったほうが勝ちなんだよ。

下からあがってきた人は、下にいた人ほど、あがった距離感がすごいの。

だから、魅力の競争するとね、あがった距離感、振り幅のデカい人間が勝ち（克ち）なんだよ。

魅力ある顔は奇跡を起こす

いわゆる美形で、
すごいモテるのに、
その人がパートナーに選んだ人
に会ったら、
「えっ、なんで？」
と思うことがありますよね。
顔立ちが整ってるワケじゃない、
どちらかというと
ザンネンなほうなのに、
どうして、あんな美形な人に
選ばれたんだろう――と思われる人がいる。
その人の顔立ちと
美形の人の顔の好みが合致したのかな？
と思ったら、
いやいやそういうワケじゃない。
自分の好きな顔立ちではないのに、
会った瞬間、相手に恋をした。
それって、相手の人に魅力があるからです。

顔の表情から立《たち》居《い》振舞《ふるまい》、
話す言葉、風貌《ふうぼう》、
すべてが魅力的。
そういう人に会って、
顔を見たとき、
その美形の人は、
自分の好みなんかどうでもよくなっちゃった、
心変わりをして
「この人がいい！」って。
一人さんいわく、〝恋〟とは変わる心、
自分の好みでない人を好きになっちゃうこと。
これが魅力という魔法。
魅力は恋だけじゃなく、
いろんな奇跡を起こします。
あなたにはどんな奇跡が
起きるか楽しみですね。

神があなたに与えてくれた、
その顔を
「磨いてもっとステキにしよう」
と思った時点で、
その顔に魅力的な波動が出てくる。
そこに、こういう顔の手入れをしよう、
化粧はこういうやり方に変えてみようとか、
『いいな』と思うものを
とりいれるほどに
どんどん魅力的な顔になる。
一人さんはこう言います。
「顔がよくなるにしたがって、
なぜか運勢もどんどんよくなっていく。
事実、オレのお弟子さんたち、
年々歳々、
いい顔になってきて、
女性たちはどんどん
キレイになってるけど、
それに伴って仕事も人気も
グングン伸びてきてるの」

はなゑさんからのちょっといい話

一人さんがストレッチをはじめた⁉

一人さんはいつも、頭はやわらかいのに、体のほうはすごく硬い。

「膝を伸ばして、両手を床につけてみてください」

と一人さんに言うと、床に手がつく、つかないどころの話じゃない。床から全然遠い（笑）。

そんな体の硬い一人さんが、この前、

「はなゑちゃん、うれしい話があってさ。オレの体は硬いから、すごいおトクなんだよ」と。

何がおトクなのかというと。

筋肉はコラーゲンという物質の膜《まく》でおおわれています。血液中の糖がこのコラーゲンとくっつくと筋肉はガチガチになって、体が硬くなる。

ところが、ストレッチで筋肉を伸ばすと、伸ばしたその刺激で、糖とくっついたコラーゲンを壊して新しいコラーゲンに置き換える仕事をしている細胞が元気

に働くようになる。体が硬い人ほど、その細胞が元気に働く。

それを知った一人さん、「オレの体はおトクだ」と言って、自分でストレッチをやるようになりました。

自分の体は硬いからダメだ、と思うと、ストレッチをしようとか思えない。だけど、硬いからこそストレッチの効果があるんだと思うと、俄然《がぜん》、やる気が出てくるものなんですね。

その話を知って、もちろん、わたしもストレッチをはじめました。

ストレッチを続けてると、体がやわらかくなるだけでなく、血管年齢も若返るんだそうです。

ある研究機関の研究によると、半年ストレッチを続けると、血管年齢が平均約一〇歳若返るらしい。

血管が若返れば、肌細胞にもスムーズに血液が行きわたってお肌が生き生き若返る——そんなことを考えてワクワクしながら毎週一回、わたしもスポーツクラブでストレッチをやってます。

第2章

奇跡の顔パワーさく裂
～しあわせの顔づくり・基礎編

顔と人生はつくるもの

顔立ちにこれといった問題点はないけれど、
印象の薄い顔というか存在感がないというか、
暗い印象でさえない。
そういう顔を見て、
「貧相だ」と言ったりしますね。
たとえば貧相だと、
どんなにいい商品を提供しようとしても
興味をもってもらえない。
どんなに素晴らしい話をしても、
顔が貧相だと、
耳を傾けてくれない。
人ってやっぱり、
しあわせで豊かそうな顔をしている人の話を聞きたい、
そういう人からモノを買いたい。
自信がなさそうで貧相な顔をした人よりも、
しあわせで豊かそうな顔の人と縁したいものです。
じゃあ、しあわせで豊かそうな顔って、
具体的にどんな顔？

それは、眉毛の形とか、
唇の厚み、鼻の高さ、
目の大きさとかの顔立ちではありません。
最も重要なのは笑顔とつやです。
だから、周囲の人から、
「この人はしあわせそう」
「豊かそう」に見える顔になればいい。
顔に油分を補ってつやを出し、いつも笑顔でいればいいのです。
そしたら、本当に後からしあわせが追っかけてくる。
職場で出世したり、商売がうまくいったり、
素敵なパートナーが見つかったりと、
人間関係もずいぶんよくなります。

＊一人さんのつや顔人相学

額に油分を補ってつやを出せば
学業や知識運アップ。
目の周りに油分を補ってつやを出せば、
恋愛や結婚運アップ。
頬につやを出せば
対人関係がよくなったり、
人気アップ。
鼻をツヤツヤにすれば財運アップ。
唇をツヤツヤにすれば、
食べモノに不自由しません。
そして笑顔は最も大切です。

オイリー肌の男性も油分補給を

自分はオイリー肌です――と言いつつも、
よく見ると乾燥してる。
とくに男性にそういう方が多いです。
鼻のあたりは油分があるけど、
頬はカサカサしてたり。
顔に油分を補いましょう。

この人に すべて
のよきことが、なだ
れのごとくおきます！

自分
オイル
肌です
え？
カサカサカサ

人のしあわせを願う

人のしあわせを願うと、人相がよくなり
体のなかからつやが出てきます。
「この人に、すべてのよきことが、なだれのごとく起きます」
ご近所さんに会ったとき、
職場で同僚や上司とすれ違うとき、
あるいは遠く離れた場所で暮らす
家族の顔を思い浮かべながら、このセリフを
心のなかで唱《とな》えると、福相になり、顔につやが出ます。
そして運勢がどんどんよくなります。

笑顔で若々しくしあわせそうな顔に福の神が寄る

最高の福顔は赤ちゃんの顔。
赤ちゃんはみな神さまから守られてる
といわれています。
赤ちゃんの肌は明るい肌色で
ハリがあってツヤツヤで
そして輝くようなしあわせそうな笑顔です。
わたしも前は赤ちゃん、
あなたもそう、みんな昔は赤ちゃんで
最高の福顔だったのに……。
いつのまにか、口角が下がって
口が「へ」の字型になってたり、
顔にハリがなくなって
全体的に下がってしまっていませんか?
口角が下がる、顔が下がると
運勢も下がってしまいますので、
意識的に顔の筋肉を上にあげないといけない。
どうやってあげるかというと、笑うんです。
笑うと口角があがり、それと連動して

他の筋肉もあがるようになってます。
また、シワやシミが増えたり、
顔がくすんでいませんか?
一人さんによると、シミやくすみがあると、
日々の生活においても暗雲立ちこめてきて、
くすぶった人生になってしまいます。
でも、きちんとスキンケアすれば、
シワやシミが減り、くすみもとれて、
なんと! ビックリ仰天《ぎょうてん》、運勢は好転するのです。

最高のメイクは肌づくり――理想は赤ちゃんみたいな肌

一般に、赤ちゃんの顔の肌は
もちもちしてハリがあって、
キメが細かくてしっとりしていて、
肌色も明るくて透明感がある、
実に理想的な肌。
この状態を守っているのが、
顔の油分。
油分が足りないと、
肌細胞の新陳代謝のリズムが崩れて
本来通りではない、
未熟でモロい肌細胞ができてしまいます。
すると、肌の保水力が低下して
ガサガサになったり、
キメが粗くなってシワやシミ、
くすみといった問題が出てきたりします。
理想の肌にできるだけ近づくには、
油分を補うことが大事です。

美容成分をたっぷりつけるだけでは老化は進む

顔に美容成分をたくさんつければ、
肌は若々しくなる、
と思いきや！
美容成分のみ補給した人と、
油分だけたっぷり補給した人では、
油分だけを補っていた人のほうが
肌が若々しかったのだとか。
これは美容成分を補わなくていい、
ということではありません。
肌の大敵は乾燥で、
顔のアンチエイジングには
油分が不可欠だということ。
だから油分はゼッタイ欠かさないうえに、
他の美容成分を補う。
そうしたら、
肌はより一層素晴らしくなるのです。

部屋の汚さと顔の汚れは正比例

スキンケアも、化粧の仕方も、
毎日の食事も以前とほぼ同じ、変えてないのに、
「最近どんどんキレイになっていくね」と言われた、わたし。
あれ？　なぜだろう――よくよく考えてみたら、
わかりました。
原因はそうじです。
部屋のそうじをマメにした以外に
特別なことは一つもしてないのに、
顔がより明るく輝きだしたのだから、
そうじには美白効果があるに違いないと。
信じられないような話かもしれないけれど、
部屋と顔、実はすごく密接な関係があるんです。
モノがゴチャゴチャ置いてあるところや
ホコリがたまってるところから、
マイナスの、陰の波動が出て部屋の空気を汚す。
おまけに陰の波動は、
とりついた人間を破滅へ破滅へと導く浮遊霊の大好物。
そういうところに浮遊霊が住みついているんです。

その部屋、はっきり言って、
ヨゴレた空気と浮遊霊がテンコもりもり！
これでは、体も本調子じゃないから、
健康な肌ができにくくなってきます。
それと浮遊霊にとりつかれた人の顔からは
陰の波動が出て、
それが黒く見える、顔をくすませるのです。
さらに、ついてる浮遊霊が増えると、
能面のような生気のない顔になったり、
ついてる数が多くなるほど、
顔も何もかも浮遊霊に支配される。
いらないモノがおいてあることによって、
しあわせに向かって歩き出したあなたの足を引っ張り、
あなたの顔を陰の波動で汚れたものにし、
自分の人生を破滅へと追いやってしまうのです。
だけど、部屋をキレイにすれば
悪い霊の影響を受けないで済みます。
部屋をそうじしてキレイになればなるほどに、
顔も魂もキレイになる。
（詳しくは拙著『斎藤一人流　すべてうまくいくそうじ力』をどうぞ）

そうじのコツは「そうじじゃない」

そうじが苦手な人っていますね、
片づけたいのに片づけられない。
達人クラスになってくると、
片づけようという気持ちすら起きない（笑）。
かくいうわたしも、前はそうじをする必要性を
感じない（母がそうじしてくれるので）、
達人クラスの人でした（笑）。
それが、一人さんに昔、
そうじのコツを教わってから、
楽しくそうじができるようになったんです。
そのコツは、そうじをしようと思わない、
片づけようと思わない。
「いらないモノ、使ってないモノは捨てる」
というのが、一人さん流。
余計なモノを捨てるとスカっと気分爽快。
あとは雑巾《ぞうきん》やモップとかで
サッサと拭けばいいだけですから、
すっごく楽チン♪

四つの箱で仕分け作業〜捨てられない人も捨てられる！

モノを捨てるとき、たいがいの人は
「これは使えるかどうか」と考えます。
でもそれではダメなんです。使えるモノでも
今使ってないモノは捨てる。使ってないせん風機は捨てる（笑）。
そうしないと家が使わないモノであふれてしまいます。極端な話、
縄文土器だって使おうと思えば、まだまだ使える（笑）。
まだ使えると思ったら、捨てられない。
そこで絶大なる効果を発揮するのが、
一人さん流おそうじ術、モノを捨てるコツ。
まず、四つの箱を用意します。
一つは、今現在使っているもの、
ないしは手に持ったときにワクワクするものを入れる箱。
二つ目は、いらないモノ、今現在使っていないモノ、
今まで一度も使ってないモノを入れる箱、
つまり捨てるモノを入れるゴミ箱ですね。
三つ目は、人にあげるモノ（もらってくれる人がいる場合）
を入れる箱。
四つ目の箱には、捨てるか捨てまいか迷ったモノを入れます。

そして、迷ったモノは、もう一度、
今言った四つの分類に
仕分けていく。
これを繰り返していくうちに、
捨てるモノ、
とっておくべきモノの判断が
瞬時にできるようになり、
そうじが楽しくなります。

「これ、高かったから……」

これ高かったからなぁ――の後にくる
セリフはほぼ決まってます。
「元とらなきゃ」です（笑）。
わたしも昔は「元とらなきゃ」と思ったことがありました。
でも、とっておいても、結局は一度も使わず、
かさばる荷物になっていた。
あなたもきっと、他人ごとじゃない。
「元とらなきゃ」と言いながら、元がとれたためしがない。
そのうえに、モノがゴチャゴチャ置いてあるところから
ヘンな波動が出て浮遊霊がウジャウジャ寄ってくる。
気持ちはわかりますが、ありがとうと言って捨てましょう。

プレゼントは相手の気持ちを受けとればOK

何年も前に
人からいただいたプレゼント。
捨てるべきか、とっておくべきか。
一人さん流の
おそうじ術のルールは、
迷ったら捨てる。
捨てなきゃと思うけど、
贈ってくれた人に悪いから
捨てられないわ――って、
気持ちはすごくわかります。
でも、贈り主は、あなたが、
そんな重たい気持ちになることを
望んでいません。
なので、気持ちだけをいただいて、
モノはスルーしましょう。
捨てるときは、
もちろん「ありがとう」です。

写真はお気に入りだけを残す

プリントした写真がたまってくると管理がたいへん。
とくに、仲のいい友だちが一緒に写ってたりすると
悩んじゃう。悩むこと自体、
陰の波動が出るから、とって置くべきではないんです。
だから、自分が気に入ってる写真だけとっておいて、
後は捨てる。残して運勢を悪くするより、
楽しい思い出が心に残ってることのほうが大事です。

自分にとって〝とっておきのモノ〟

「バカラのグラス、ちょっと欠けてるけど、
かわいいんだぁ♥」
「そんなにも高価なモノではないけど、
手にもったり、見てるだけでも、
心がうれしくなっちゃう」そんなふうに、
自分のハートとつながってるモノはとっておいてもOK。
頭をカタクして〝ワタシのとっておき〟まで
捨てることはありません（笑）。

「多少難ありだから自分用に」はNG

縁がちょっと欠けちゃったお茶わん、
ヒビの入ったコーヒーカップ、
えりくびがヨレヨレになったTシャツ、
自分用ならまぁいっか――
ついやってしまいがちですが
もしかすると
そんな考えでいる、あなたは
自分を大切にしていないかもしれません。
なぜなら、そのお茶わん、
友だちやカレシ・カノジョ、
自分の大切な人には
使わせないでしょう。
自分で自分を大切にしない人は、
他人からも
大切にされない――という
法則があります。
欠けたお茶わんとかは処分して、
自分を大切にしてね。

魅力あふれる顔をつくる食事

美しい顔とは、顔立ちの
美しさをいうのではありません。
肌細胞がイキイキしてフレッシュ、
あなたの顔が本来もっているパワーが現れた、
明るく光輝くしあわせの顔。
それが「美しい顔」なんだと、
わたしは思っています。

一人さんは言います。
「男も女も、若いときは、
天が授《さず》けてくれた顔立ちでなんとかいけるけど、
三〇代、四〇代、それ以上になると、
自分の生きざまが顔に出る。
だから、『若いときはいい顔だった』
『キレイだった』って言うけど、
誰だって『若い』だけでキレイなんだよ。
種の保存のために
パートナーを見つけなきゃなんないから、
若いときはキレイでいられるように、

神がしてくれてるの。
だけど、年齢を重ねてくると、
何もしなくてキレイはないよ」
だけど、努力すべきところに
手間ひまをかけていけば、
男性も女性も
「今のあなたの顔はとてもいい」
「キレイだ」とか、
「若いときよりも、今のほうが素晴らしい顔」
と言われるような顔になることはできる。
要するに、顔の手入れだとか
顔づくりをやればいい。
この、顔づくりで欠かせないのが、
食事です。
肌細胞をつくる材料は、
肉や納豆などに多く含まれるたんぱく質。
肌細胞に血液を送る血管、
血液もみんな、
たんぱく質でつくられています。
毎日、しっかりとりましょう。

バランスのいい食事――肉はしっかり野菜もとる

お肉は食べずに野菜をたくさん食べる――
そんな食事をしている方もいると思いますが、
これでは不健康な血液ができ、
血管もモロくなって、あちらこちらにガタがくる。
先日もテレビでやっていましたが、
段々、そのことが常識になってきました。
さらに、すべての細胞はたんぱく質で
できていますから、たんぱく質が足りなくなると
肌にうるおいがなく、たるみ、シワや
シミが出てフケ顔になってしまいます。
たんぱく質をしっかりとると、
ビックリするほど肌がキレイになりますよ。
お肉も野菜も、バランスよく食べることが大切です。

お肉を食べないと霊が見えたりする

良質なたんぱく質の宝庫・肉は、
健康で美しい素肌づくりに欠かせないし、
心の明るさ、
前向きさを生み出す
脳の栄養素。
お肉を食べないと
ストレスに弱くなり不安で
マイナスの思いばかりするようになって、
〝うつ〟とか
ノイローゼになりやすい。
しかも、栄養不足で弱った体に、
浮遊霊がよりやすく、
ある日、幽霊が見えだしたりします。
見たくなかったら、
ちゃんとタンパク質をとりましょう。
もちろん、野菜もバランスよく
ちゃんととってくださいね。

「きちんと入れたら、ちゃんと出す」のバランスが肝心

何なによく効く、
ナントカという栄養素をとる――
ほとんどの人は、体にいい成分を
取り入れることばかりを考えがち。
でも、体のなかに入れるだけでは
不十分、いや、まったく足りないかも。
ちゃんと便を出すこともしなきゃ。
人間は腸から栄養を吸収しているのです。
せっかく体にいいものをとっても、
腸がヨゴレてると、同時に
悪いものも吸収してしまって、
血がヨゴレて、健康的な細胞がつくれない。
肌は腸の裏返しともいわれています。
だから、腸のヨゴレを一掃して
キレイにしましょう――という
漢方の万病一元論にのっとった食品を、
一人さんもわたしたち弟子もとっています。

腸キレイでストレス、マイナス思い軽減

人はみんな、
自分は目の前で起きてる現象を
ありのままに見てる、つもり。
だけど、必ずしもそうじゃない。
現実をゆがめてとらえてることが
意外と多くて、それが心配や不安、
ストレスとなって
〝うつ〟や
ノイローゼにつながります。
だから、〝第二の脳〟腸を
キレイにしておくことが大事。
一人さんによると、
腸がキレイだと
判断を誤らなくなり、
不安や心配、ストレスが軽減。
マイナス思いからも解放されるので
顔のくすみもとれます。

顔も魂も美しく！――ストレス対策

緊張や不安、心配を感じたり、
ストレスにさらされると
血管がキュっと締まって、
毛細血管に血液が行きずらく
肌細胞などに十分な血液が
いきわたらなくなりがち。
血流が悪くなってうっ血すると
肌全体が暗く見えるし、くすみが出る。
美しい肌の細胞もつくられにくくなって
シミができやすい。
「わたし、日ごろから気苦労が多いんです」
という人はもちろんのこと、
気苦労の自覚がない人も、
顔づくりの一環として、
ストレス対策が必須です。
現代人のほとんどは、
しょっちゅう神経を高ぶらせてる、
心のなかに焦りがあると、一人さんは言います。

ゴムは伸び縮みするけど、
あんまり引っ張りすぎると
パチンと切れる。
それと同じように、
心だってずっとピーンと
引っ張ったままだと
切れちゃう。
そこで、一人さん流ストレス対策の
いちばんのポイントは
「ゆるめる」です。
意識的に、
体を、心を、ゆるめてあげる。
焦っちゃうのは、
子どものときに親に競争させられたか、
学校でちょっと競争しちゃったかして、
それで今も焦っちゃうけど、
一人さんいわく、ホントは
誰とも競争する必要なんてない。
ゆっくり、自分のペースで
ゆっくり行けば大丈夫。

深呼吸

自分の体のなかにある息を全部吐き出すつもりで、
まず息を吐き切ってください。
それだけ、息を吐き切ることだけ意識すればOKです。
吐き切った反動で勝手に体が息を吸います。
それを何度か繰り返せば緊張がとれて、神経がゆるんできます。

あくび

「ふわぁ〜」とあくびをしてるとき、
内臓はゆるんでいます。
体がゆるむと同時に、
心もいっしょにゆるむようになってます。

顔で笑う

心が楽しいと、体はゆるみます。
何かおもしろいことがなくったって、
顔が笑ってればいい。
笑ったときの顔の筋肉の情報が
神経を通じて脳に伝わり、
脳は「顔が笑ってる＝楽しい」と判断して、
実際、心が楽しくなります。

ゆっくりゆっくりお先にどうぞ

「ゆっくりゆっくりお先にどうぞ」
と言って深呼吸——これを三回繰り返すと、
心身ともにリラックス。
わたしは夜寝る前に
「ゆっくりゆっくりお先にどうぞ」
と深呼吸のセット三回をやってます。
仕事の途中にやってもいいし、
歩きながらやってもいいし、
通勤電車のなかでやってもOK。
長時間、車を運転するときも、
あい間あい間にやってみてください。

はなゑさんからのちょっといい話

「ポン酢納豆」で、ちょうキレイ、血もキレイ、顔若返る

一人さんの万病一元論にのっとった、若返り効果もバツグンの簡単お手軽なメニュー「ポン酢納豆」の作り方をご紹介します。

用意するもの（一食分）

納豆　１～２パック
味ぽん®　適宜

作り方

納豆に味ぽん®を適宜加えてまぜるだけ（納豆についている、納豆のたれの変わりに味ぽん®を使用）。

ともかく毎日続けること。そうすると「ちょうキレイ、血もキレイ、細胞もキレイ」で、若返り効果アップ！
※お好みで青ノリ・ネギを加えてもおいしい。ただし、胃の弱い方はポン酢を少なめにしてください。

オシャレは顔も美しくする

以前、女性の大臣で
重要な会議や交渉事があるときは
必ず真っ赤なスーツを着る方がいました。
覚えてません？
その真っ赤なスーツのことを
「わたしの勝負服です」
とおっしゃってた方。
そうなんです、
洋服やアクセサリーって、
気分、波動をコントロールする
一つの小道具みたいなもの。
色鮮やかなキレイな色の洋服を着て、
キラキラしたアクセサリーを身につけて
元気のない顔をするのは難しい。
いやがおうにも気分は盛りあがります。
大好きな人のファッションがいいな
と思っているなら、
その人の格好をマネたっていい。

着ている服、身につけているアクセが
まったく同じモノじゃなくてもOK、
似たようなもので
全然かまいません。
とにかくマネてると
少しずつ大好きなあの人と
同化してくるというか、
「こうなりたいな」
と思ってる自分になってきます。
第一、大好きな人のマネをすること自体、
すごく楽しい♪
そうやってオシャレして、
着飾った自分を鏡で見ていると、
理屈抜きで気持ちがパッと明るく、
上気元になっちゃう。
ということは、オシャレはストレス解消、
血行がよくなって健康な素肌がつくられるから
シミ、シワ対策にもなる、顔のくすみもとれる。
気分も上がるからますます運気も上がります。

＊値札より高そうに見えるものが大吉

高級ブランドの洋服やバッグを
身につけることだけがオシャレ、
というのはカン違いです。
わたしもヴィトンとかシャネルとか持ってるけど、
しまむらや通販で気に入ったものがあれば
どんどん買って身につけています。
値札より高そうに見えるものを
買うようにしているので、
そういう掘り出しものが見つかったら、
その時点でものすごいハッピーな気分になっちゃう。
その服を着て出かけると、みなさん、
「はなゑさん、いつもステキな洋服着てて、いいわ〜」
とほめてくれるので、さらに、しあわせになっちゃいます。
「はなゑさんのマネをして、この服、しまむらで買ったんですよー」
と言われることもあって、
「このスカートが五〇〇円で、この指輪が三〇〇いくらで」
とか、うれしそうな顔で話してるのを見てると、
わたしもうれしくなっちゃいます。

明るい色の洋服と光るアクセはこの世にもあの世にも通用する

一人さんと知り合って間もない頃に教わったのが、
明るい色の洋服を着て
キラキラ光るアクセサリーをつけると、
しあわせになるよ、という話でした。
そういうファッションをしていると、
自分も楽しいいし、周りにいる人の気持ちも明るくなって、
いいことが山ほど起きますよ、と、
一人さんもわたしたち弟子も、今までお伝えしてきました。
確かに、わたしたち弟子は、
そういうオシャレをしだしてから運勢がよくなり、
今ではたくさんの税金が払える経営者。
だけど、肝心な部分をお伝えしていませんでした。
明るい色の洋服とキラキラアクセ、
実は魔よけでもあり、浮遊霊対策でもある。
明るい色の服を着て、キラキラアクセをつけていると、
浮遊霊は寄ってきづらいいし、
ついてた浮遊霊がポロンっと、とれてしまうこともあります。

はなゑさんからの「信じなくてもいいですよ」の話

アクセサリーを買ったときは……

ご存じですか？　石には、その石にかかわった人の思い、波動が入りやすいということを。

だから、悲しい思いをしている人がその石をもったら、そこに悲しい波動が入ります。くやしい思いをしてる人がその石を持てば、くやしい波動が入るし、「生まれてきてしあわせだ」と思ってる人が持てば、しあわせの波動が入る。

その石を使って作ったアクセサリーを買って身につければ、当然、その波動があなたの心にも体にも影響します。

なので、新しいアクセサリーを買った人にわたしは、「一度浄化してから、身につけるといいよ」とアドバイスをすることがあります。

どうやって浄化するかというと、まず水道の蛇口をひねって、流水で洗い流します。このとき、石が吸っていた念が、水でキレイに洗い流されたイメージをします。

それで浄化できます。

ただし、水晶であるとかパワーストーンのアクセサリーは、思い切って処分なさることをお勧めします。

なぜかというと、水晶とかパワーストーンは、よからぬ霊がよりやすいのです。水晶とかパワーストーンがあるために、何度浄化を繰り返してもまたよからぬ霊がついてしまう方が大勢います。

なので、そういう開運グッズ系には最初から手を出さないのがベスト。

でも、この経験で、それまで知らなかった石のことを学べたのだから、やっぱりついてる！

よく、わたしのこの水晶のブレスレットは大丈夫ですか？　と聞かれるのですが、あなたがしあわせでそのままでいいと思ってるのなら、問題はありません。

でも自分で今うまくいってない何かがある。今いちしあわせと思えないのなら、そのアクセサリーの影響かもしれません。ご自分で判断して下さい。そうお答えさせていただいてます。

油分は残してヨゴレを落とす

毎日のスキンケアで大事なのは洗顔。
なぜなら、わたしが思わず
「キャー怖い！　止めてぇーーー」
と叫んでしまうような
洗顔をしている人が、意外と多い。
洗顔フォームをよく泡立てないまま
顔を洗ってる、とか。
泡立てないまま顔を洗うと、
必ずゴシゴシ顔をこすります。
そうすると、顔がカピカピして
「スカッとする」
と言うのだけど。
必要な油分まで全部、
落としちゃって
潤《うるお》いがなくなったから
カピカピしてるのであって、
それだと老化が進んじゃう。
しかも、毛穴のヨゴレも落ちてないから、

顔にとってはWの悲劇。
そもそも洗顔は、
顔に必要な油分は残したまま
ヨゴレだけを落とすのが正解。
そのために、まず洗顔フォームを
よく泡だてて、細かい泡をつくる。
この細かい泡を顔の表面に
転がすイメージで、
やさしくそうっと
顔を包み込むような感覚で洗います。
顔に細かい泡をのせたら、
後は泡が毛穴のなかでパチパチはじけながら
ヨゴレを掻《か》き出してくれるから、
ゴシゴシする必要はありません。
なのにゴシゴシやっちゃうと、
どんなによく泡だてても泡がつぶれて、
毛穴のヨゴレがとれないし、
ゴシゴシという刺激で肌を傷《いた》めてしまう。
仕上げはタオルでごしごしこすって拭《ふ》くなんて、
キャー！　とんでもない!!

そうやって肌を傷めつけても、
新しい肌細胞が生まれるから――といっても、
生まれ変わった肌細胞は
未熟でモロく、見た目はガッサガサ。
しかも、どんないい化粧水とか美容液とか
を持ってても、肌が過敏に反応して
「肌にしみる」と感じるから
使えない、ということになりかねない。
お顔の肌は、あなたが思っている以上に
デリケート。
洗顔開始からタオルで顔を拭くまで、
やさしくやさしく扱ってね

洗顔は必要最小限

わたしは顔の油分を落としたくないので、
顔全体を洗顔するのは夜だけ。
朝は小鼻の周りを
洗顔フォームで洗ったら、
後は水でパシャパシャする程度。
脂っぽいところが気にならなければ、
朝は水で洗うだけでいいと思います。

自分の顔に愛を

わたしが、タオルで顔を拭くときは、
ふぁっとタオルを顔に当てて水分を吸いとる感じ。
ゴシゴシ顔を拭くなんて、怖くてできません。
それから、わたしの肌はとても薄いので、
粗い粒で古い角質をかき落とすスクラブ洗顔とか、
毛穴ヨゴレをとるパックで
バリバリっとはがすタイプのものは無理。
傷だらけになっちゃうので、やりません。

ぬれたままで確実に顔はフケる

霧吹きで新聞紙に水をシュッとかけ、
そのまましばらく置くとどうなるか。
紙がパリパリになります。
だから、美容師さんは
「髪を洗ったら、ドライヤーでよく乾かしてください」
「髪をぬれたまま放置することが、
いちばん髪によくないんですよ」と言う。
皮膚も同じで、
ぬれたまま放置すると、肌はパリパリして、老化が進む。
洗顔後、顔をぬれたままにしている人なんて
男性でも珍しい、ほとんどいないと思いますが、
「わたし、化粧水だけで大丈夫なんです」
という方がいらっしゃる。
二〇歳代なら、
まだ肌の保水力も十分あるだろうけど、
三〇代、四〇代になっても
「化粧水だけで」なんてやってたら……。
ちょっと怖いです。

先ほども言ったように油分を
補わないと、肌はどんどん老化します。
たいがいは
顔がそれに慣れちゃって
自分が気がつかないだけで、
顔はパリパリ、カピカピしてるんです。
一度油分をたっぷり補ってみて下さい。
翌朝の肌の違いに驚かれるはずです。

化粧水、クリームなどは手のひらであたためて

化粧水や乳液、クリーム、美容液……etc.、
スキンケアに使う基礎の化粧品、
いろんなものがありますが、
ほとんどのアイテムに
共通していえることがあります。
それは、手のひらであたためてから
顔につけること。
手のひらであたためると、美容成分が
肌にスーッと沁み込んでくれます。

引っ張るような塗り方はＮＧ！

顔がたるんできたのは
年齢のせいだからしょうがない――と、
何でもかんでも年齢のせいにしちゃいけません。
クリームとかを手のひらにとらないで、
そのまま顔にのっけていませんか？
これだと、クリームとかは
あたたまっていないので伸びがよくない。
伸びがよくないのを無理やり顔全体に
広げようとすると、どうしても顔の皮膚も一緒に
ぐぅーっと引っ張ってしまいます。
皮膚はいとも簡単に伸びてしまう。
伸びた皮膚がたるみになるんです。
たるんだうえに、あたためないで顔につけると
せっかくのクリームも効率よく沁み込んでいかない、
もったいないです。
正しいケアをやり始めると
お肌はすぐによみがえってきます。
ぜひ、ためしてみて下さい。

はなゑさんからのちょっといい話

豊かさの質感が顔に出る、ちょっとした習慣

ファンデーションやアイカラー、チークその他諸々すべて同じ化粧品を使って、同じようにメイクをしても個々の仕上がりが違います。

それって、顔立ちのせいではありません。

なぜなら、同じ舛岡はなゑなのに、たまに仕上がりが違う日がある。違って見えるのは、わたしのなかの波動の微差がそうしてる。

魂のなかから出る光にちっちゃい黒点が一点あるかないかの微差なんだけど、微差は大差で、顔が全然違って見えちゃう。

だから、波動ってゼッタイ無視できない。

では、「微差は大差」が何で決まるかというと、メイクの前のスキンケアを、ゆったり時間をかけてやれるかどうか。

顔を洗った五分後にメイク終了、ということをゼッタイにわたしはしません。

化粧水をつけて、肌にある程度、浸透したな、という感じがしてから、次のクリ

ームをぬって浸透させて、さらに「また次」と。それの繰り返しです。

あわただしい朝に、基礎の化粧品を一つひとつ、肌に浸透するのを待ってるなんて、時間をかけすぎじゃないですか？　——と言われれば、確かに、その通り。

でも、だからこそ、あえてそれをやる。時間がないなかで基礎化粧に時間をかける、その時間が、すごく贅沢なひとときになる。そうしたら、心にゆとり、豊かさが出てくるようになる。

何の変哲もない日常だから、あえて、贅沢なひとときを持ちこむ。それが豊かな生活だと、わたしは思ってるんですけど。

たまに、メイク前のスキンケアをあわててやると、メイクの仕上がりがイマイチ。ホントなんです、急いじゃうとメイクの仕上がりが違ってきちゃう。

だから、スキンケアを時間をかけてやるかどうかって、小さな、ホントにとるに足らないような違いではあるけど、その顔を見る側からしたら、まさに微差が大差。

もし時間がなくても、スキンケアの途中で着替えたり、髪をブローしたり、工夫次第でいつもの時間で、スキンケアに時間がかけられます。

豊かな質感が出せたら、必要最低限の化粧で十分キレイなんです！

第3章

自信と魅力みなぎる顔づくり
～魔法のメイク編

男も〝目ヂカラ〟がものを言う

目は口ほどにものを言う――。
顔のなかでも、
目の周りの筋肉だけは
理性をつかさどる
脳の制御を受けないので、
目には気持ちが如実に表れる。
だから、気愛の入ってる人の
目って違う感じ、目ヂカラがある。
そういう目をした男性に口説《くど》かれると、
「好みじゃないのに、
つきあうことになっちゃいました」とか（笑）。
目ヂカラのある営業マンが
商品の説明をしだすと、
なぜか聞き入っちゃって、
「買うつもりがなかったけど、
買っちゃった」
なんてこともよくある話。
でも、自然に任せて

目ヂカラが出るのを待っていたら、
明日に間に合わない。
今すぐ目ヂカラを出したい方は、
まぶたの縁に線を入れると
（P.93アイラインの項を参照）、
誰でも目ヂカラが出ます。
ハリウッドや韓国の
俳優、男性アーティストは
みんなアイラインを入れているし、
日本でも最近は線を入れた
若い男性が街にちらほら。
いい世の中になりました（笑）。
さすがにアイラインは入れられない
という方でも視線だけは
意識してください。
相手の目を見ることです。
目を直視しなくても眉間を見るといいですよ。
もちろんさわやかな笑顔でね。

男も女も、人生がときめく魔法のメイク

同じような顔立ちでも、
ステキな顔に見える人と、そうでない人がいる。
その原因はいろいろあるけれど、
一つあげるとしたら、自信というか、強気。
たとえば、一人さんって昔っからモテモテ。
一人さんの学生時代は、
背が高いことがモテる男性の条件だった。
低くはなかったけど、特別背の高くない
一人さんがモテモテだった理由は、
一人さんが強気だから。
身長が高くない自分はダメだとか、
一人さんはこれっぽっちも思ってないし、
「背が高いの低いの言ったって、
横になればみんな同じじゃねぇか（笑）」
って言うんです。
面白いでしょ、一人さんって。
こんな一人さんに、
もし気の弱い魂が入ったらまったくの別人、

全然さえない。
だから、どんなに顔立ちがよくても、
弱気でいると、さえない顔に見えちゃう。
ステキな俳優がさえない役をやってるようなものです。
逆に、顔立ちは多少バランスが欠いていても
強気だとステキな顔に見える。

自信がつく魔法のメイク

ここで、わたしは言いたい。
メイクは強気を引き出す魔法です。
みすぼらしいシンデレラが
魔法つかいの杖の一ふりで、
キレイで華やかなプリンセスに変身した、ぐらいな
気持ちの、波動の劇的変化をメイクはもたらす。
たった一本のラインを入れるだけでも
自分に自信がつき、
なかからステキなオーラがあふれだして
その人をどんどん魅力的に見せていく。
これこそ、メイクの真骨頂《しんこっちょう》。

一人さん
からの
メッセージ

とくに女性はキレイが仕事

オレは昔っから、はなゑちゃんやなんかに「キレイにしてな」「キレイにしてな」って、ずぅーっと言ってきたのね。

なんでかって、女の人はキレイなほうが得なんだよ。単純に言ってキレイは得なの、お金が無いよりあったほうがいい、っていうのと同じでね。

それで、「キレイ」っていうのは、化粧したり、「髪型どうしよう」とかやってるうちに、キレイになっていく。要は、自分が今よりちょっとキレイになればいいんだ、って。

今よりちょっと、化粧をこうしよう、目をこうしたらもうちょっとよくなるんじゃないか、とか。そうやって、自分の階段をあがっていけばいいだけなんだよね。そしたら、いつのまにか美人に負けないぐらいすごい魅力的になっちゃうんだよね。

だから、すごい美人とか外国のモデルや女優を見て、「わたしも、ああなりた

い」はいいんだよ。

だけど、たいがいは他人と比べてあきらめて、何もしなくなる。

それって、もったいないな、って思うんだよね。自分の階段をあがっていけばさ、この先もまだまだ行けるのに、自分からおりちゃうのがさ。

神がオレたちに求めてることは、「今の段階からどうやって一歩あがるか」だけしかないんだよ。だから、他人と自分を比べて自分が努力したくなるならいいの。

地球は行動の星だから、「何もしない」ということ自体が負けなんだよ。ってことは、一歩でも足を出せばいいだけなんだよな。

だから、オレも来年は今年よりちょっとよくなろう、って。仕事でも考え方でもな。

それで「ちょっと」「ちょっと」ってやってくと、誰でも行けるんだよ。

意外と「ちょっと」って早いんだよ。だって、三階までジャンプしてこいって言われても無理だけど、階段を昇ってけば三階なんてすぐ着くだろ。

それで、階段ってのは、「ちょっと」の積み重ね。

だから、ちょっとずつ、キレイになることをやってればいいんだよね。

自分をバージョンアップする〝つやメイク〟

様々な年代の女性たちに、より美しく、
光輝いて過ごしていただきたくて、
わたしが提唱しているのが〝つやメイク〟。
いわゆるナチュラルメイクでありながら、
品よくつややか、透明感のある明るい顔に仕上げます。
アイカラーの色を変えるなどアレンジも自由自在なので、
工夫次第でパーティなど華やかな場所でも、
あなたを光り輝く存在にしてくれます。

使用するアイテム

つや出しクリーム

顔に油分を補ってくれるクリーム。バージンオイルやスクワランなどの天然のオイルでも可。

コンシーラー

肌色より明るめの色と、濃いめの色の二種類あるとベスト。顔に立体感を出せます。

ファンデーション

つや感、透明感を出すのにはクリームタイプかリキッドがおススメ。

アイライナー

目ヂカラを出すための必須アイテム、白と黒の二色を用意。

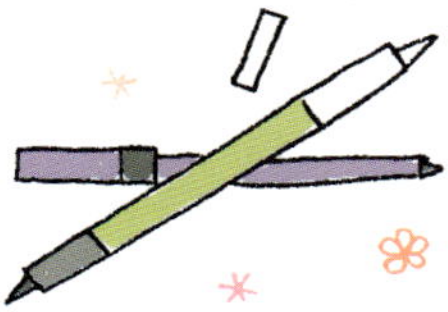

アイブロウ

基本的に、自分が描きやすいものを使ってＯＫ。ペンシルタイプの場合、芯はカタめのほうが使いやすいです。

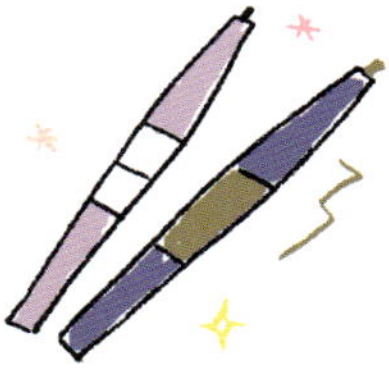

ハイライト

真っ白よりも、ややベージュがかったものがおススメ。

アイカラー（アイシャドウ）

ブラウンと黒の二色あればＯＫ。シルバーやキラキラする薄いピンクやブルーをそろえると、いろいろ遊べます。

リップ

ピンクベージュかオレンジベージュ、ブラウンベージュなら流行りすたりがなく、どなたもお顔が映《は》えます。

チーク

ピンクがかったオレンジ色なら人を選ばず、どなたも美しく魅せます。

グロス

つやメイクに欠かせない、唇のつや出しアイテムです。

実践！“つやメイク”

STEP 1

{つや出し}

洗顔後のスキンケアの際（メイクの前）に、つや出しクリームなどをたっぷりぬって、つややかで潤いのある肌に整えます。

つや出しクリーム（オイルも可）を手のひらにとってあたためてから、顔の内側から外側へとなじませる。肌に油分がスーッと浸透したらつけ足す、浸透したらつけ足すを、つやつやになるまで繰り返す。

before

元気がなくて疲れた感じの印象。

After

つやつやになると、元気な印象に。つや出し前の顔はぼやけた感じだったのが、つや出し後は、顔に力が出てくる。

夜、寝る前は顔につや出しクリームをたっぷりつけましょう。つやつやなお顔で寝ると、寝ている間に福の神が寄ってきて、翌朝、ステキな一日が訪れます。

STEP 2

ファンデーション

ごくごく少量のファンデーションをうっすら顔全体に伸ばしてつやと潤いをキープ、透明感を出します。シミなどが気になる場合の対応はSTEP3へ。

1

ファンデを手にとる。リキッドなら五円玉の穴の2分の1〜1個分。

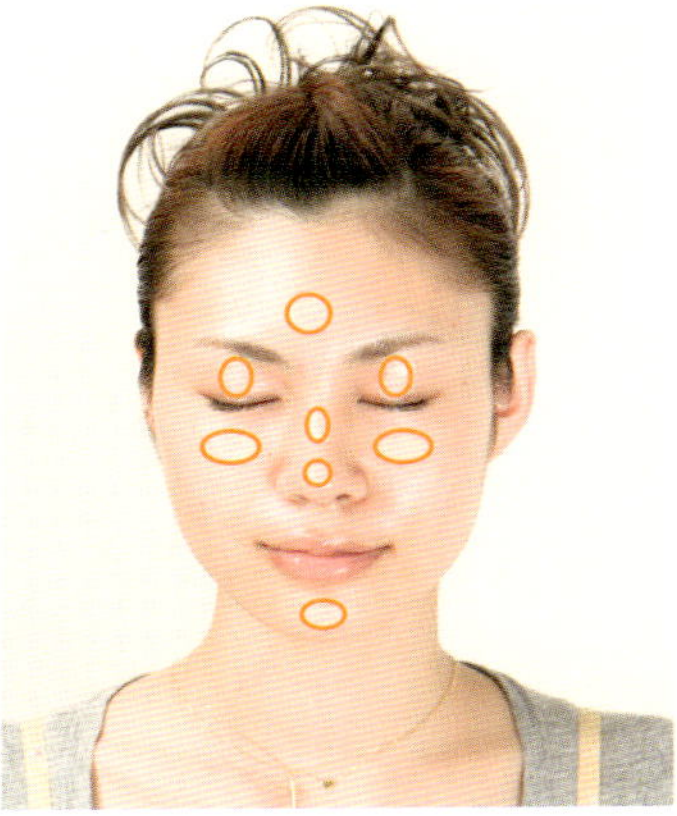

2

ひたい、両まぶたの上、鼻筋に二カ所、両目の下、あごと、合計8カ所にごく少量ずつファンデを置く。

3

顔の中心から外側に向けて指で伸ばし、顔全体になじませる。

STEP 3

コンシーラー

シミやソバカス、目の下のクマなど、気になる部分をカバー。
また、肌色を調整して立体感を出し、小顔に見せます。

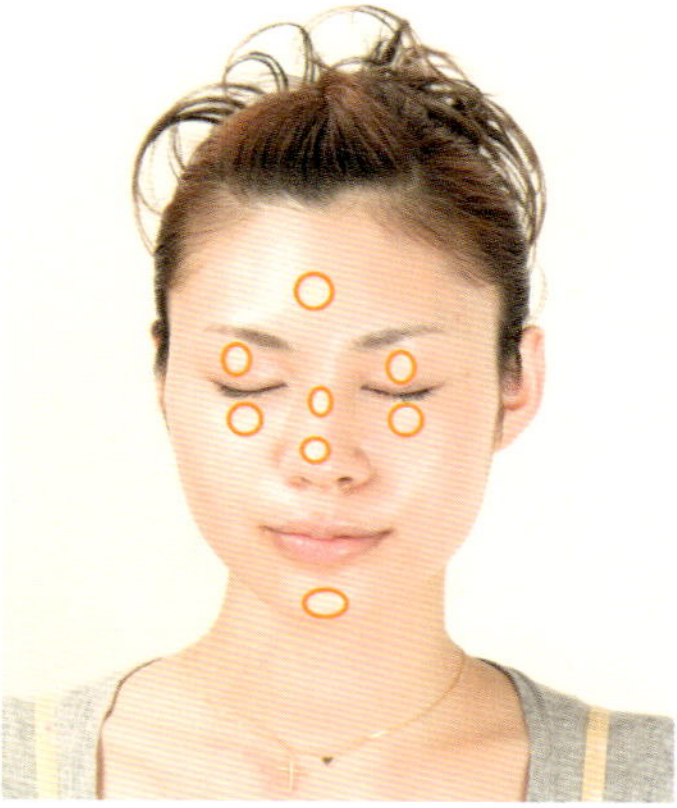

1

肌より明るい色のコンシーラーを指で少量とり、ファンデをつけたときと同様に8カ所に置く。

2

指でコンシーラーを広げる(最初に置いた面積の2～3倍が目安)。

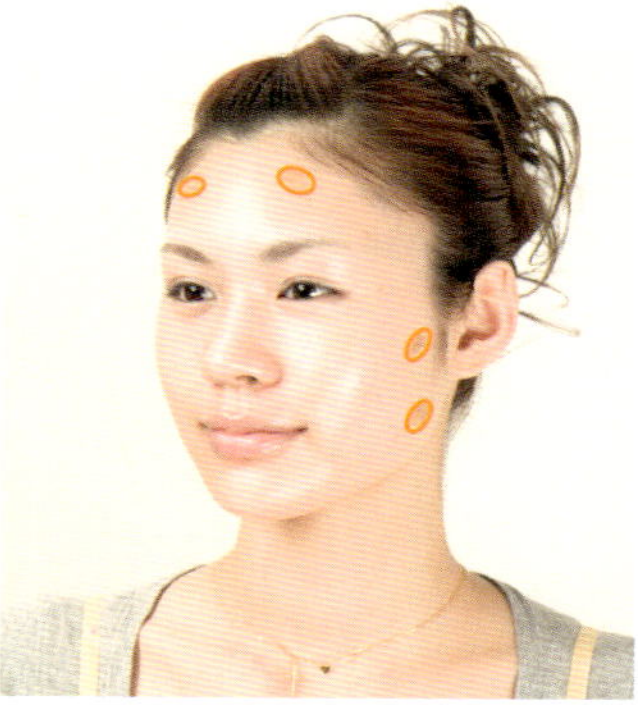

3

濃いめ目の色のコンシーラーを、ひたいの生え際2カ所と両耳の前2カ所に置き、伸ばす。

STEP 4

｛ハイライト｝

光の効果で顔により一層の立体感を出し、お顔もより小さく見せます。光沢も増し、華やかな印象に。

1

Tゾーン、両まぶたの上下4カ所、あごの合計7カ所にハイライトを指でごく薄くスッッスとつける。

2

指でうすくのばす。

ここがポイント！

ハイライトの量は、つけた部分が明るく見える程度がちょうどいい。はっきり白く見える場合はつけすぎ。

STEP 5

アイブロウ〜眉

眉の形やラインを整えてセレブな印象を演出。
本来の眉の形を活かすので
眉が表情と一緒に動き、とっても自然。
豊かな表情を作り出します。

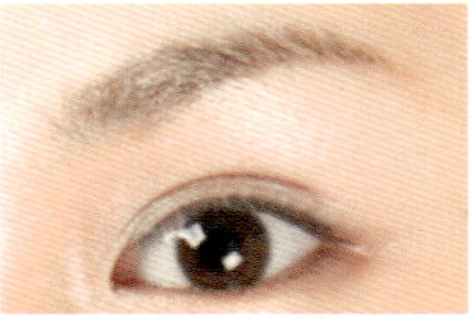

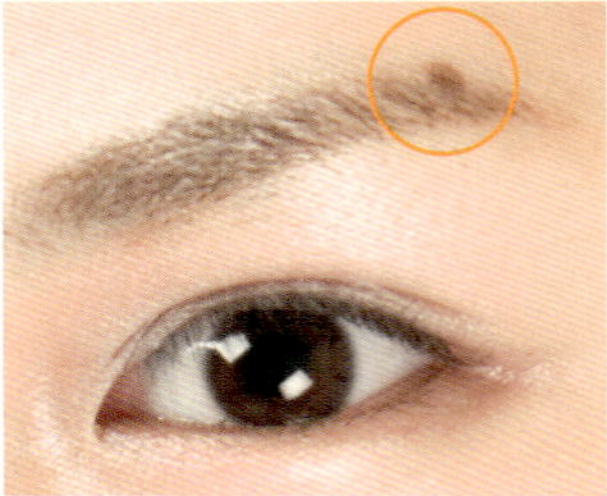

1

眉山の高さを見る。鏡を見ながら眉をグッとあげたときにへコむところが眉山の高さ。高さを決めたら、アイブロウペンシルでちょんと印をつけておく。

2

黒目の際《きわ》と目じりの間に眉山がくるように仮のラインをとり、上下の余分な毛をカット。
きつい顔に見えるのが気になっている方は眉頭をほんの少しカットするとやさしい印象に。

3

余分な油分をティッシュオフ。パフにパウダーをとり、手の甲で落として（目安は色がつかなくなるまで）、眉周辺をはたく。
※アイブロウのノリをよくするため。

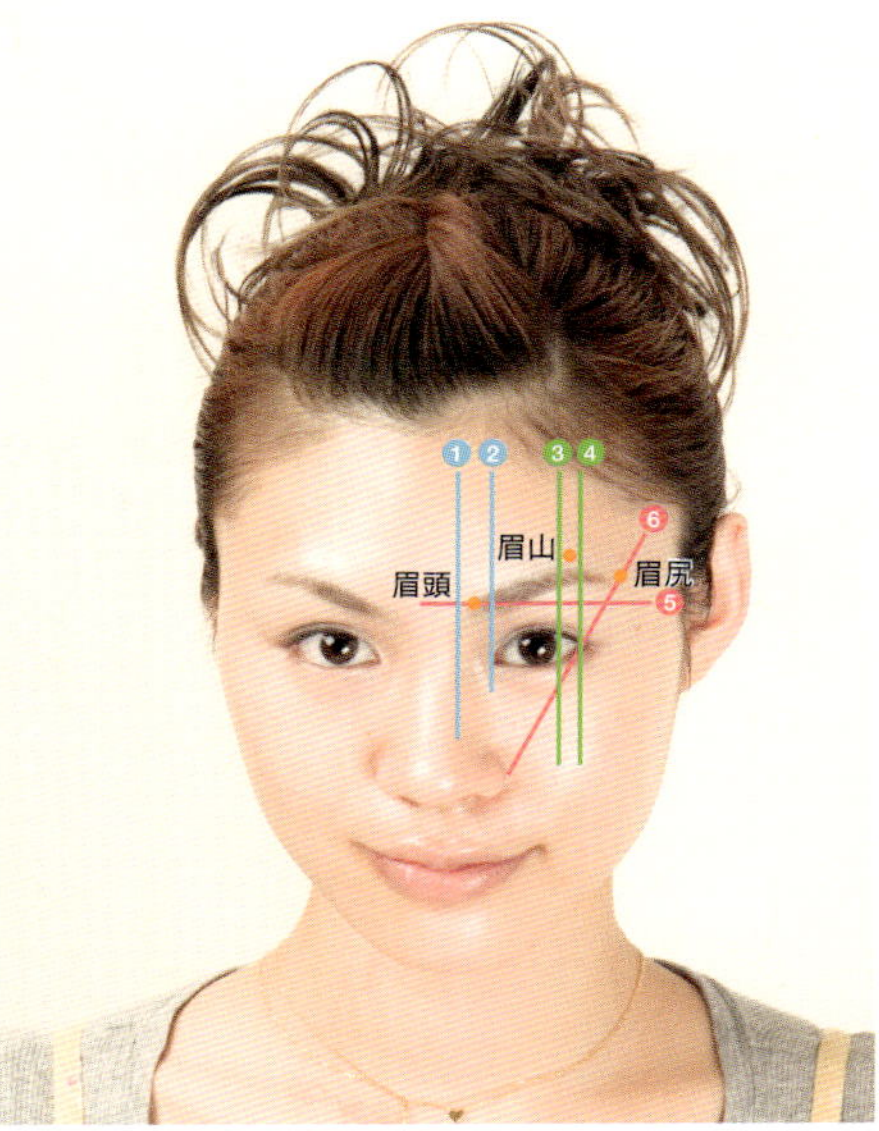

4

左図の通りに眉頭・眉山・眉尻の位置を決め、ラインを描く（眉頭に色を足すのは眉の薄い人のみ）。

眉山から眉尻までのラインは目のラインと平行にし、だんだん細くなるように描く。眉尻は眉頭より高くすること。低くすると悲しげな表情になって、運がどんどん逃げて行く。

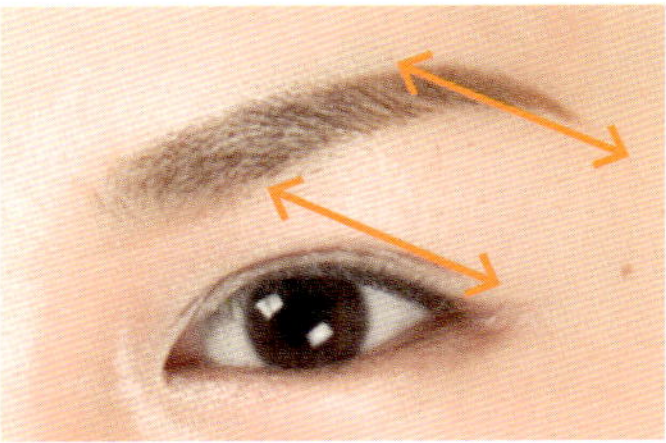

【眉頭・眉山・眉尻の位置】
①②眉頭→鼻筋と目頭の間
③④眉山→黒目の際と目じりの間。高さは眉をあげたときにヘコむところ。
⑤⑥眉尻→眉頭より高い位置にとる。小鼻の脇と目じりを結んだ延長線上。

5

太く描いてしまった場合、綿棒で修正する。

6

完成。本来の眉の形を活かした自然なカーブが上品でやさしい印象の顔に。

STEP 6

アイカラー、アイライン～目・まぶた

白と黒のラインで、ぱっちりした大きな目とキラキラ輝く瞳を演出して目ヂカラup。
まぶたの色と陰影を調整し、上品で若々しい目元を作ります。

1 白いアイラインを、目頭から下まぶたの目尻にかけて「く」の字に入れる（下まぶたはまつげの内側に沿ってラインを入れる）。

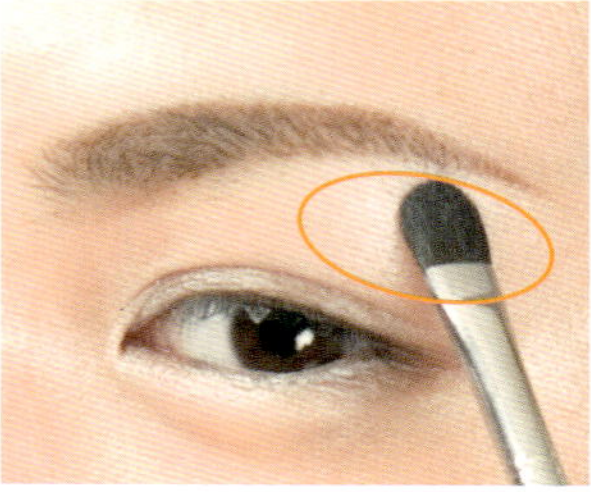

2 眉の下にハイライトを入れる

3 上まぶた全体にシルバーか薄い色のアイカラーを入れる。

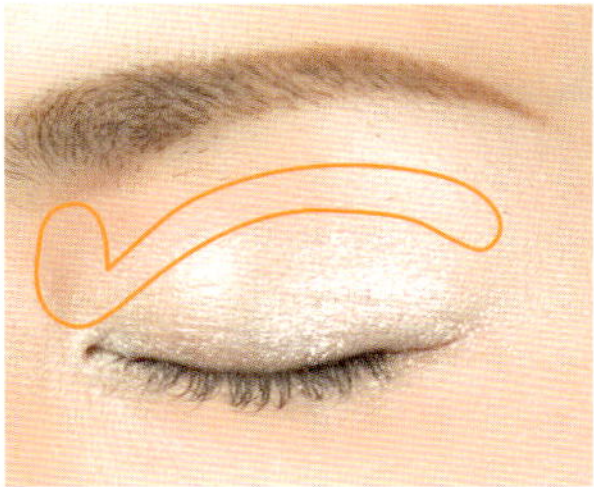

4

薄いブラウンを筆にとり、写真に示した位置にひと筆入れる。

5

黒のアイラインを上まぶたに入れる、まつげの間を埋めるようにしてラインを入れ、外側に行くにしたがって太くする。

6

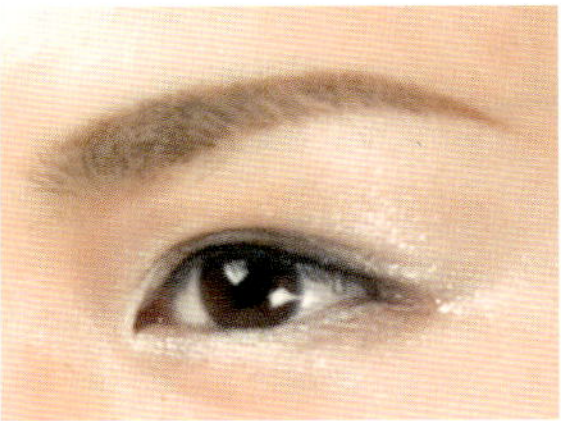

ブラウンか黒のアイカラーでアイラインをぼかす。

7

ビューラーでまつげをカールし、マスカラをつける。

STEP 7

リップ〜唇

唇の色とつやで、顔を明るく若々しく見せます。
少し大きめに描いた唇は優しくあたたかい雰囲気を醸《かも》し出します。

※一人さんによると、大きめの口は人相学的には財運を呼び込むそうです。

1

リップペンシル(唇より少し濃いベージュ系)で唇よりほんの少し外側に輪郭を描く。

2

口紅をぬる。

3

グロスを薄く全体にぬり、さらに唇の中心にグロスを重ねる。

STEP 8

チーク～頬

誰にも似合うピンクがかったオレンジのチークを頬の中心にまーるく入れて、明るく健康的で、愛されムードを演出します。

鏡に向かってニコッと笑い、チークを入れる位置を確認（頬がいちばん高くあがった部分に入れる）。

鏡①で確認済みの場所にチークをポンポンとおく。

3

指で軽くたたきながらチークを丸く広げて行く（頬のいちばん高い位置より下にならないように注意）

STEP 9

仕上げ

化粧くずれしやすい小鼻やTゾーンに、ほんの少量のパウダーをのせて化粧くずれを防ぎます。

1

小鼻やTゾーンなどテカリやすい部分をスポンジで押える。

2

パフにパウダーをとり、手の甲ではたく。

3

小鼻やTゾーンなどにパウダーをのせる。

FINISH しあがり

つややかで、なかからしあわせのオーラがあふれる印象。上品なのに、会う人会う人の視線をひきつける、存在感のある顔に。

before

しあがりと比べて、元気がなさそうに見え、本来の魅力も影をひそめてる。

はなゑさんからのちょっといい話

メイクは神事～気愛で、仕上がりに雲泥の差

奥さんが化粧してキレイにしてると、家に福の神がいるのと同じなんだよ――って、一人さんは言います。

それから、「メイクって神事《かみごと》だよ」って。

どういうことかというと、女性って、つやメイクをした自分の顔を見て「こんなにキレイになっちゃって、わたし！」とか思った瞬間、パッと気持ちが明るくなって、しあわせになっちゃう。

そのとき、女性のなかから、陽の波動、太陽のような光が出るんです。

この陽の波動、光が、陰の波動を消し、いろんな災いから自分と自分の周りにいる人を守る〝しあわせのバリア〟になる。

ちなみに、その陽の波動は、一人さんいわく「上気元の波動」で、上気元の波動とは神に近い波動なんだそうです。

だから、いいことがバンバン起きるし、素晴らしい奇跡だって起きます。

それよりも何よりも、せっかく女性として生まれてきたのだから、自分を磨いて、おしゃれもして、好きな服を着て、いつまでも若々しくいたいですよね。

欲を言えば、「キレイだね」とか、「段々、キレイになってくね」とか言われながら生きたほうがゼッタイ楽しいと思うんです。

単純に、「キレイだね」と言われることって、うれしいことじゃないですか。

自分のなかで「えぇ〜そうかな」と思いながらも楽しくて楽しくて、この波動が人生を好転させるから、さらに楽しくなって、人生が面白くなる。

メイクには、そういう、しあわせのほうへ導く力があるんです。だから、メイクって、ホントに不思議で。

あ、そうそう、メイクって、気愛でよりキレイに仕上がるんですよ。不思議でしょ。でもホントなんですよ。

ふだんと同じメイクをしているのに、思い入れと、「ゼッタイ、わたし、キレイになるんだ」っていう気持ちの入れ方で仕上がりに雲泥《うんでい》の差が出る。

神さまは美しいものが好き。心も顔もキレイな方がいいんです。

一人さんによると、今世、一生懸命キレイに磨きをかけると、来世はもっと美しく生まれるんですって。

ますます磨きをかけなくちゃ。ファイティング!!

メイク
強気

第4章

いい男・いい女は、密《ひそ》かにやっている若返る、年々魅力が増す顔づくり

顔は、外も磨いて中からも磨く

なぜか、一人さんと縁をもった人たちは
昔より今が若々しくて、
常に今がいちばんいい顔。
四〇、五〇歳を過ぎても
「今がいちばん」ってビックリしちゃうけど、
それって外側も内側も磨いてるから。
年齢とともに中身が顔に出てくるから、
磨かないと無理なんですね。
若いときにいくらキレイでも、
意地が悪いと、段々、
意地悪な顔になっちゃう。
だから、中身をつくっていかなきゃ、
なんだけど、
中身とは何かというと、人間的魅力です。
一人さんはこう言います。
「人間をこう見てると、魅力のある人って、
あんまり嫌われるようなことしないんだよ。

だから、最終的に、魅力のあるヤツって、
頭いいんじゃないかと思うんだよ。
だって、やっぱ魅力って
かわいらしさもあれば、
人に好かれるってこともあるし、
なぐさめも言うこともあるけど。
その場その場に応じて
魅力のある行動とか発言をするんだよな」
その場その場に対応しなかったら、
いい人だと思っていたのに
こういうことがあってガッカリしちゃった、
っていうことになる。
魅力的な人って、そういうのがほとんどないから、
魅力ってある意味、
期待を裏切らない、ガッカリさせないこと。
だから、ずぅーっと長くつきあってても
魅力的な人って、性格がいいだけじゃなく、
頭もいい。
（一人さんのいう頭がいいというのは学校の勉強のこと
ではありません。人間的に頭がいいということです）

こう言ったら、こうなる——人の気持ちを読む

その「頭がいい」とは何ですか？
それは、人の気持ちがわかること。
こうしたら
相手はこう思うだろう、という、
先の先まで人間の心理が読める。
嫌われる人って、
一手先も読まないし、
今の空気も読まなくて、
つい嫌われるようなことをしたり、
言っちゃう。
なかには、
嫌われるようなことを
平気でやってる人もいます。
だけど、そういう人は頭悪い、じゃない、
そういう人は一人さんいわく
性格が悪いか思いやりが
ないんだそうです（笑）。

魅力とは、魅力的な考え方

いい男とか、いい女とか、足が細いとか太いとか、
天が与えてくれたものってあるけれど、
誰だって磨けば光ります。
自分を磨いて光った人は、どんな
天然のいい男だろうが、天然のいい女だろうが、
ゼッタイ磨いた人のほうが魅力は上。
そして、一人さんいわく、いちばんの魅力は考え方。
たとえば、レディ・ガガ。
ガガよりキレイな女性は山ほどいるのに、

今、ガガに勝てる人がいないのは、
彼女の考え方、
いい考え方をしてる。
いじめをなくそうだとか、
考え方に愛があります。
そうすると、人って、
顔から髪型から着る物から、
立居振舞ぜんぶに
その人の考え方が現れるんです。
「今日、この服着よう」
と思うのも考え方。
愛があって目立ちたがり屋さんて
すごくかわいいですよね。
優しくて華やかな人は、
どこにいっても人気者です。

マネるは魅力的

一人さんは言います。
「もし、あこがれの人がいたら
一歩でも近づこうってマネしたらいいよ。
そういう人生って楽しいよ。
人って、この世に出てくる前に
『もっとステキになって、
愛される人間になって帰ってきます』
って神さまに約束して出てきたんだよ。
ステキだと思ってる人に近づこうとするのは、
神の摂理だよ」
芸能人でも、身近な人でもいいから、
自分がマネできそうなステキな人を見つけて、
自分があこがれてる人に近づこうとすると
不思議としあわせになりますよ。
なぜなら、この星は行動の星で、
あこがれの人をマネることも、
自分が魅力的になることも、ホントに楽しいことだから。

考え方でオーラが変わり、見た目も変わる

わたしは先日「松田聖子さんはスゴい」と思ったんです。
なぜかというと、
いくつになっても若々しいこともさることながら、
自分を魅力的に見せることに余念がない。
彼女の手の動きなんかを見ると、
バレエとか習ってそうだし、
他にもいろいろ自分を磨いているに違いない。
それって、現状維持でいいわと思ってないワケで。
だから、考え方ってすごいんです、
行動はもちろん、顔立ちも変えちゃう。
ホントなんです！
同じように年を重ねても、
ステキに見える人と、そうじゃない人がいる。
それはなぜかというと、一人さんはこう言います。
「オレはね、おそらくオーラじゃないかと思ってんだよね。
だって、蜃気楼《しんきろう》やなんか出ると、
同じ場所でも景色が違って見えるじゃん。
それと同じで、ステキなオーラが出るとステキに見えるんだ」

言葉を磨く

ちなみに、ステキなオーラを出すには魂を磨く、
つまり考え方を磨く。
考え方を磨くって、
言葉を磨けばいいんです。
なぜなら、言葉が考え方だから。
言葉を磨いて考え方がステキになると、
ステキなオーラが出て、顔がステキに見える。

神さまに見込まれた

ハンデがあるからダメだ——と、
ふつうは思っちゃう。
けど、一人さんによると、神さまは
才能のある人にしかハンデをくれない。
ハンデをものともしない強さを
持ってるから、
ハンデをもらえるのであって。
だから、ハンデを損だと思うのって、損。
だって、「損だ」と思ったら、
自分が持ってる才能も強さも生かせない。
ホントは自分ができることでも、
やれなくなって、自分で勝手に
「やっぱり、自分はダメだ」
って苦しんじゃう。
ハンデがある自分は神さまに
見込まれてるんだ、って思えたら、
こんなに魅力的なことはない。
そしてそういう人は必ず成功します。

一人さんからのメッセージ

実年齢より、自分の好きな年齢で心ときめかして生きよう

しばらく会ってなかった人と会って、「えっ、一年でこんなフケちゃって、どうしちゃったの？」（もちろん、心の中の声です）ってビックリしちゃうことがあると思うんだけど。

逆に、年々歳々、若々しくなる人もいるよね。それってさ、〝思い〟なんだよ。

マリー・アントワネットが牢獄に入れられて、処刑される、ってなったら、彼女のキレイな髪がたった一晩で白髪にかわっちゃった。

だからね、人間、苦労しちゃダメだね、苦労すると一気にフケる。

それで、いつまでも若々しい人ってのは、いつも明るく楽しく生きてるの。だから、自分の本当の年齢はなるべく思い出さないほうがいいね（笑）。

自分の実年齢、思い出したら、

「自分はいくつだから、自分をキレイにしなくったっていい」とか、

「もう年だから、磨いたってしょうがない」とか、

「こんな年になって、恋をするなんてみっともない」とか、暗くなっちゃうこと、自分が不幸になるようなことを、次々思うんだよ。

だから、つまんない人生になっちゃう。わかるかい。

一人さん、いくつですか？　――そうやって聞かれたら、オレはいつでも「二七だよ」って言うの。もちろん、役場とか、証明書みたいなのに書くときは実年齢を書くけど、それ以外は「二七だよ」って。

なぜかというと、オレは昔から二七歳が好きなの。三〇だと、何か分別くさいこと言わなきゃいけないような気がしてヤなの（笑）。

だからね、みんなも自分の年は自分で決めていいんだよ。

「あなた、いくつですか？」

自分の好きな年齢にしていいの。二〇歳が好きなら、「わたし、二〇歳です」って。誰がなんと言おうが、「二〇歳です」って言い切っちゃいな。言い切ったもん勝ちだから。これが、一人さん流の年をとらない考え方。

そしたら、「自分は一八歳だ」と思っただけで心って、ワクワクするだろ。恋の一つでもして、もうひと花咲かせよう、とかさ。

だから、いつまでも若々しくて楽しい人生を送るコツだよな、自分の好きな年齢になるってのは（笑）。

改良、改良で年齢が味方する

四二歳で世界一の美女に選ばれた
ジェニファー・ロペス。
彼女のデビュー前の映像を見たわたしは
「誰？」
と思ったぐらいだから、
相当努力してきたと思います。
今も「キレイでいることも仕事」といって
努力を続け、みんなに
「若いときより今のほうがキレイ」
と言われてる。
それ、年齢が味方してるんです。
だって、若い頃だって努力してたけど、
今のほうがキレイなんだもん。
この奇跡、
あなたにも起こせます。
なぜなら、
成功の定理というのがあって、
それに則っていれば奇跡が起きる。

改良点がたくさんあることに気づく

一人さんはこう言います。

「合気道とかで、
体の小さい人がデカくてパワーもある人を
負かしちゃうことがあるだろ。
それは、相手が攻撃しかけてきた力を利用して
相手を倒すような技があって、
それは定理通りなんだよ。
魅力にも、絶対的な定理がある、
年齢が味方してくれる定理があるの。
それは、今、自分がいる位置がわかったら、
黙々とそこからあがり続けてる、
ということなんだよ、
自分を高め続けてるの。
魅力のない人間は人と比べて、
何でもあきらめてやろうとしないんだよ。
わたしなんか――とかっていうけど、
それが有利だって気づいてない」
何が有利かって、

自分には改良の余地がいっぱいあること。
だから、それに気づけばいい。
口紅一個つけたぐらいでキレイになる、
わたしはすごい有利なんだ、って。
きっとね、ジェニファー・ロペスもそうやって昇り続けてる。
だから魅力的。
自分の改良点を探して見つけて、改良して改良して、
改良していくことが最高の人間の魅力。
だから、どこにいようが、
今、自分のいる場所から歩き出せばいいんです。

キレイになる努力は始めてすぐ楽しい

「ガマンと、努力って、区別が難しいですね」
っていう人がいるんですけど、
ガマンからは恨みしか生まれない（笑）。
だから、ガマンっていうのは生産性のない努力、
いくらがんばっても何も生み出さないものがガマン。
本当の努力は、やっただけ身になるもの。
しかも、努力しだした時点でもう楽しくってしかたがない。
それが努力の特徴です。

「あの人、嫌い！」はデトックスしよう

波動は人生を左右するし、
美しさも波動と関係があります。
だから、誰かを嫌ってると、
その「嫌い」というマイナスの波動が出て
運勢も悪くなる、
体の機能にも影響するので
美容の面でもよくない、
体調不良にもなる、
病気にもなる。
だから、「あの人、嫌い！」
というものが心にあるのは、
お部屋にいらないモノがあるのと同じ。
ヘンな波動が出て、
浮遊霊もよってきて、どんどん悪くなる一方。
「嫌い！」
というところからやがて
「あの人、ゆるせない！」
に発展していって、

最終的に心臓をやられたりすることがあるって、
昔、一人さんに教わりました。
だから、そういうネガティブな気持ちは
体のなかにためないで、
デトックス（浄化）してください。
「あの人、嫌いだ」「嫌いだ」って言ったって、
ホントに自分に得なことってひとつもない、
何も生み出さない。
ヘンなたとえだけど、
心のなかに腐ったものがあるのと同じですよ。
ずぅーっと臭い（ヘンな波動）を発してて、
ねぇ、イヤでしょう（笑）。
だから、マイナス考えをプラス考えに変えたり、
自分の気持ちが明るく
楽しくなることをして
魂のデトックスをしよう。
そしたら、肌もキレイ、
顔もより一層魅力的に見え、
そのうえに運勢もどんどんよくなって、
いいことづくめなんです。

＊嫌な人は、自分がしあわせになることにご活用

しあわせに際限はないけれど、
不幸にも底はない。
だから、わたしはゼッタイ、
自分がしあわせになることを
やめないって、決めてます。
なので、
「あの人ちょっと……」
と言いたくなっちゃうような人が、
もし、目の前に出てきたとしても、
「あの人、やんなっちゃう」とは言いません。
こんなことをしたら
人に嫌われる――ということを
見せてくれた人、
学ばせてくれた人なんだ、って、
自分の魂の成長の糧《かて》にさせてもらうんです。
そうすれば、
その人は感謝の対象になります。

＊嫌な人に自分の心と大切な時間をささげない

すごく嫌な人がいて、
あの人のことを思うと、
わたし夜も眠れません――。
そうやって言う人がいるけれど、
その人のことをずっと思い、
あなたの大切な時間を
その人にささげてるって、
本当は愛してるんじゃないですか？（笑）
と一人さんは言います。
そういうときは、
「○○さんの
なかの神さまに申し上げます。
あなたに、すべてのよきことが
なだれのごとく起きます」
と言ってください。
そうすると、
心が落ちついてきて心が洗われます。

まず、自分を愛してください

人を嫌うのはいろんな面でよくないけど、
それ以上によくないことは、自分を嫌うこと。
自分が嫌いな人は、自分をゆるせない。
「ダメなままでいいから、好きになろう。
ゆるすって、そういうことだよ」
と言っても、自分をゆるせない。
もしそういう人がいたら
「自分をゆるします」って言ってください。
思ってなくてもいいので
「自分をゆるします」って言ってください。
いつしか自分をゆるすようになります。
そして、そういう人でも、
つやメイクをして魅力的になった自分を見ると、
自分のことを好きになれたり、
自信がついたり、いろんなことが好転していくんです。
だから、自分をキレイにしていこうよ――って、
わたしは言いたいです。

はなゑさん
からの
ちょっといい話

キレイになるのも神の道

師匠の一人さんと出会う前、わたしは親のスネをかじりながら、ヒマな喫茶店をやっていました。商売も何もできなかったんです。

ところが、一人さんと知り合って、一人さんの教えを楽しく実践して。

ある日ふと気がついたら、経営者になってて、ビックリするぐらいの税金を払っていた、という。

そのことだって、奇跡だと思っているのに、講演をするようになったり、こうして本を書くようになったりして、信じられません。

だけど、現実なんです。

だから、人生は才能だとか、あんまり関係ない。

人間は一歩いっぽ行けば、たいがいのことはできるようになるんだなって、これ、実感です。

ホントに、一歩いっぽ、あがっただけ。

だけど、気がついたら、山の上にいた感覚。
そんなわたしに、ある日、一人さんがこう言ってくれました。

「はなゑちゃんは、寝てて気がついたら富士山の上にいたんじゃないんだよな。

はなゑちゃんをオレがおんぶしたことも一回もない。

いっしょにあがろうよ、とは、オレ、言ったよ。

だけど、一歩ずつ足を出して、登っていったのは、はなゑちゃんなんだよね。

オレが連れてったのでもないの。

はなゑちゃんが登った。

それで、オレもあがっていったんだよ。

ただ、これって山の中腹。まだまだ上があるから、楽しんで、一生涯あがり続ける。つらいのは落ちてくほうなんだからな。

魂は上に向かって、神に向かうほうが、ゼッタイに、しあわせなんだよ。

だから、キレイになるのも神の道なの。

仕事してるなら、仕事してるのも神の道。

人に優しいのも、人の道、神の道。

この神の道を上に、上に、行くほうが、ゼッタイしあわせなの。これがしあわ

せの道で、成功の道なんだよな。

横に歩いてる人間も落っこってる人間も、楽しそうな顔してないよな。

『誰か、自分の苦労をわかって』っていう顔をしてる。

そういう顔して生きてたら、自分もつらいけど、周りの人も不幸だよ。

だけど、魅力的の道に一歩でも足を出して歩きだせば、すべてが変わるんだよ」

今、あなたが、どこにいたってかまわない。

どこにいようと、そのことで誰も、神さまだってあなたを責めたりしない。

だから、今いる場所からあがっていきましょう。

自分の顔を笑顔でステキにし、内面も磨いて、ともにステキな人生を。

ステキなあなたと、またお会いしましょう。

ありがとうございました。

斎藤一人さんのプロフィール

斎藤一人さんは、銀座まるかん創設者で納税額日本一の実業家として知られています。

1993年から、納税額12年間連続ベスト10という日本新記録を打ち立て、累計納税額も、発表を終えた2004年までで、前人未到の合計173億円をおさめ、これも日本一です。

土地売却や株式公開などによる高額納税者が多い中、納税額はすべて事業所得によるものという異色の存在として注目されています。

土地・株式によるものを除けば、毎年、納税額日本一です。

また斎藤一人さんは、著作家としても、心の楽しさと、経済的豊かさを両立させるための著書を、何冊も出版されています。

主な著書に『知らないと損する不思議な話』『強運』『斎藤一人　500年たってもいい話』（以上、PHP研究所)、『眼力』『微差力』（以上、サンマーク出版)、『幸せの道』『地球が天国になる話』（以上、ロングセラーズ)、『変な人の書いた成功法則』（総合法令出版)、『千年たってもいい話』（マキノ出版）などがあります。

その他、多数の著書がすべてベストセラーになっています。

〈編集部注〉

読者の皆さまから、「一人さんの手がけた商品を取り扱いたいが、どこに資料請求していいかわかりません」という問合せが多数寄せられていますので、以下の資料請求先をお知らせしておきます。

フリーダイヤル　**0120-497-285**

[舛岡はなゑ事務所]
〒980-0021
宮城県仙台市青葉区本町１丁目４-15　アネックス本町ビル１階
☎022-216-0051

斎藤一人さんの公式ホームページ

http://www.saitouhitori.jp/

一人さんが毎日あなたのために、ついてる言葉を、日替わりで載せてくれています。愛の詩も毎日更新されます。ときには、一人さんからのメッセージも入りますので、ぜひ、遊びに来てください。

お弟子さんたちの楽しい会

- **斎藤一人　一番弟子――――――――――会長　柴村恵美子**

  恵美子社長のブログ http://ameblo.jp/tuiteru-emiko/
  恵美子社長のツイッター http://twitter.com/shibamura_emiko
  ＰＣ http://www.tuiteru-emi.jp/ue/
  携帯 http://www.tuiteru-emi.jp/uei/

- **斎藤一人　感謝の会――――――――――会長　遠藤忠夫**

  http://www.tadao-nobuyuki.com/

- **斎藤一人　天国言葉の会――――――――会長　舛岡はなゑ**

  http://www.kirakira-tsuyakohanae.info/

- **斎藤一人　人の幸せを願う会――――――会長　宇野信行**

  http://www.tadao-nobuyuki.com/

- **斎藤一人　楽しい仁義の会―――――――会長　宮本真由美**

  http://www.lovelymayumi.info/

- **斎藤一人　今日はいい日だの会――――――会長　千葉純一**

  http://www.chibatai.jp/

- **斎藤一人　ほめ道――――――――――家元　みっちゃん先生**

  http://www.hitorisantominnagaiku.info/

- **斎藤一人　今日一日奉仕のつもりで働く会―――会長　芦川勝代**

  http://www.maachan.com

ひとりさんファンの集まるお店

全国から一人さんファンの集まるお店があります。みんな一人さんの本の話をしたり、ＣＤの話をしたりして楽しいときを過ごしています。近くまで来たら、ぜひ、遊びに来てください。ただし、申し訳ありませんが、一人さんの本を読むか、ＣＤを聞いてファンになった人しか入れません。

新店住所：東京都葛飾区新小岩1-54-5　1Ｆ　電話：03-3654-4949
新小岩駅南口の商店街を直進。歩いて約３分
営業時間：朝10時から夜７時まで。年中無休

一人さんよりお知らせ

今度、私のお姉さんが千葉で「一人さんファンの集まるお店」というのを始めました。
みんなで楽しく、一日を過ごせるお店を目指しています。
とてもやさしいお姉さんですから、ぜひ、遊びに行ってください。

行き方：ＪＲ千葉駅から総武本線・成東駅下車、徒歩７分
住所：千葉県山武市和田353-2　電話：0475-82-4426
定休日：月・金
営業時間：午前10時～午後４時

各地の一人さんスポット

ひとりさん観音：瑞宝山　総林寺
住所：北海道河東郡上士幌町字上士幌東４線247番地
☎01564-2-2523
ついてる鳥居：最上三十三観音第二番　山寺千手院
住所：山形県山形市大字山寺4753　☎023-695-2845

千葉県に
ひとりさん観音が…
できましたよ!!

合格祈願にぜひどうぞ!!

ひとりさんが親しくさせていただいている蔵元・寺田本家の中に、ご好意で『ひとりさん観音』をたててくれました。

朝8時から夕方5時までお参りできますよ。

近くまできたら、たずねて下さいね。

合格祈願・家内安全・良縁祈願・恋愛成就に最適ですよ。

お賽銭はいりませんよ。

住所：千葉県香取郡神崎町神崎本宿1964
電話：0478(72)2221

観音参りした人だけ買えるお酒〔4合びん／1522円(税込)〕です。

ひとり歩きの楽しいドライブコース
成田インターでおりて
20分 → 滑河観音 10分 → 蔵元・寺田本家
5分 → 喫茶「ゆうゆう」 20分 → 香取神宮
5分 → 佐原、香取インターで高速にのる
蔵元・寺田本家
・成田インターから車で25分
・JR下総神崎駅から徒歩20分
喫茶「ゆうゆう」
住所：千葉県香取郡神崎町大貫131-3
電話：0478(72)3403
定休日：木曜日

観音様までの楽しいマップ

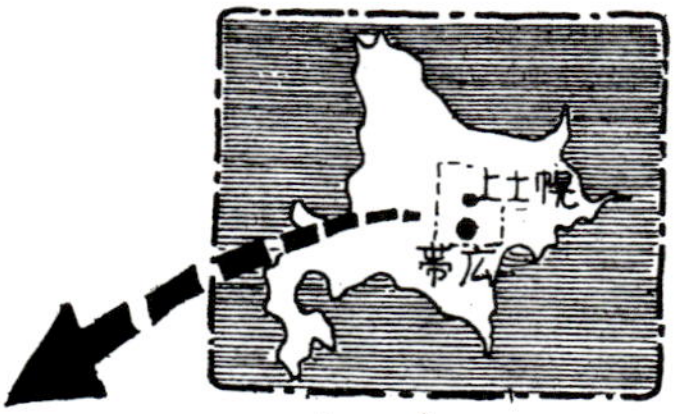

① 愛国←→幸福駅

『愛の国から幸福へ』この切符を手にすると幸せを手にするといわれ、スゴイ人気です。ここでとれるじゃがいも、野菜・etcは幸せを呼ぶ食物かも！ 特にとうもろこしのとれる季節には、もぎたてをその場で茹でて売っていることもあり、あまりのおいしさに幸せを感じちゃいます。

② 十勝ワイン（池田駅）

ひとりさんは、ワイン通といわれています。そのひとりさんが大好きな十勝ワインを売っている十勝ワイン城があります。
★十勝はあずきが有名で『赤い宝石』と呼ばれています。

★ 観音様

ひとりさんの寄付により、夜になるとライトアップして、観音様がオレンジ色に浮かびあがり、幻想的です。

③ 上士幌

上士幌町は柴村恵美子が生まれた町。そしてバルーンの町で有名です。8月上旬になると、全国からバルーニストが大集合。様々な競技に腕を競い合います。体験試乗もできます。ひとりさんが、安全に楽しく気球に乗れるようにと願いを込めて観音様の手に気球をのせています。

④ ナイタイ高原

ナイタイ高原は、日本一広く大きい牧場です。牛や馬、そして羊もたくさんいちゃうのヨ。そこから見渡す景色は雄大で感動!!の一言です。ひとりさんも好きなこの場所は行ってみる価値あり。

牧場の一番てっぺんにはロッジがあります（レストラン有）。そこで、ジンギスカン焼肉・バーベキューをしながらビールを飲むとオイシイヨ！ とってもハッピーになれちゃいます。それにソフトクリームがメチャオイシイ。2ケはいけちゃいますヨ。

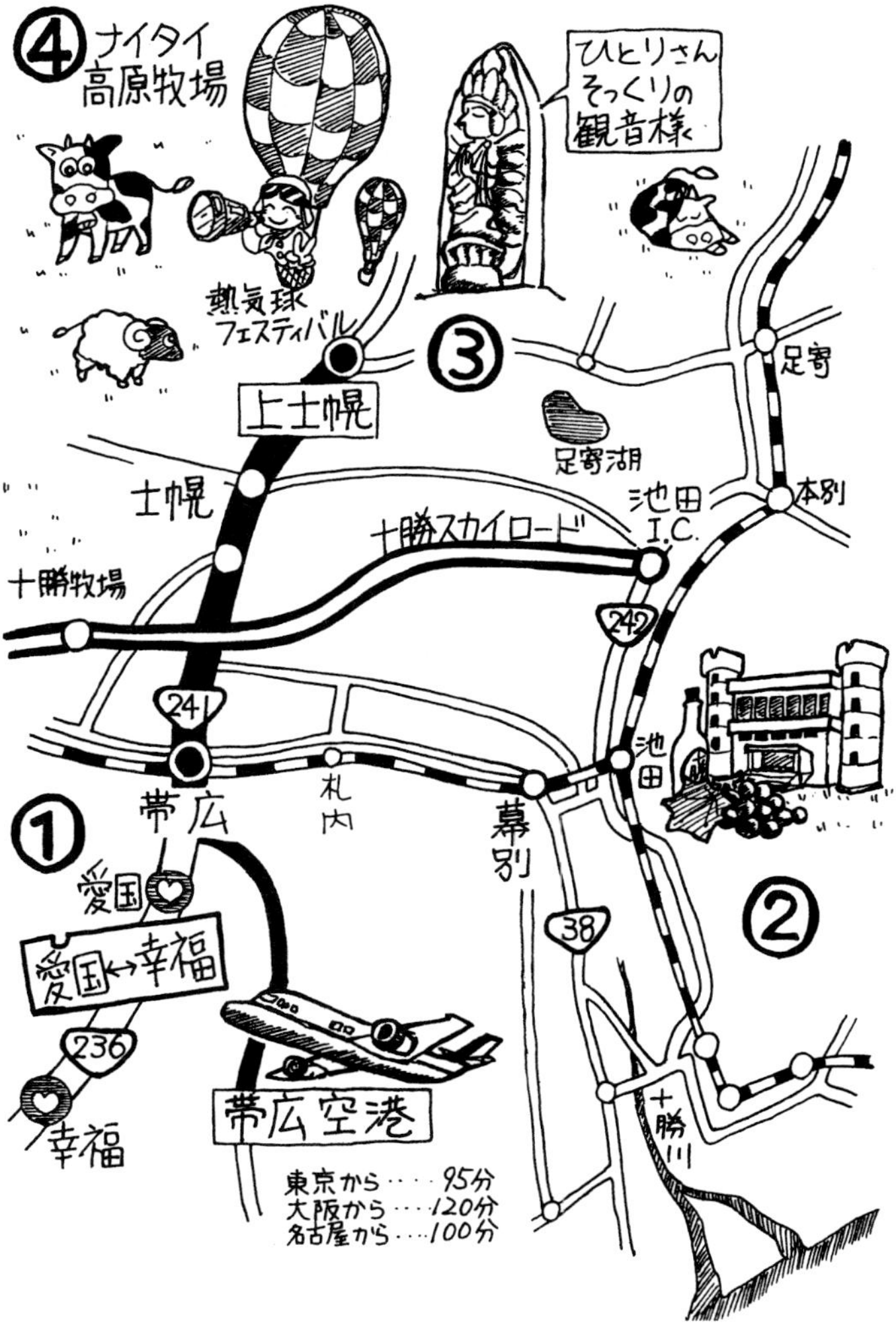
④ナイタイ高原牧場
熱気球フェスティバル
ひとりさんそっくりの観音様
③
上士幌
士幌
足寄
足寄湖
池田I.C.
本別
十勝スカイロード
十勝牧場
242
241
帯広
札内
幕別
池田
①
愛国
愛国↔幸福
236
幸福
38
②
十勝川
帯広空港
東京から‥‥95分
大阪から‥‥120分
名古屋から‥‥100分

著者●舛岡はなゑ（ますおか・はなえ）
東京都江戸川区生まれ。実業家。斎藤一人《ひとり》さんの弟子の一人。病院の臨床検査技師を経て、喫茶店「十夢想家《トムソーヤ》」を開く。この店は、斎藤さんと９人の弟子が出会った伝説の喫茶店として知られ、「銀座まるかん」の原点のひとつとされている。たまたま来店した斎藤さんから、「精神的な成功法則」と「実践的な成功法則」の両方を学び、女性実業家として大成功を収める。
東京都江戸川区の長者番付の常連。生き方アドバイザーとして、「開運メイク」のセミナーや講演などで活躍している。
著書に『斎藤一人　人生も仕事も思いどおりにする魔法の法則』『斎藤一人　みるみる幸せをよぶ魔法の法則』『ハッピーラッキー　開運つやメイクと魔法の習慣』『斎藤一人　幸せをよぶ魔法の法則』（以上、PHP研究所）、『斎藤一人　15分間ハッピーラッキー』（三笠書房）などがある。

イラスト●ひらいみも
神奈川県在住。イラストレーター。旅行会社を経て、８年間制作会社に勤務後、2000年よりフリーランスとして、絵を中心とした作家活動を始める。
http://www.asahi-net.or.jp/~pe4m-hri/

斎藤一人　開運つやメイクと魔法の法則

2012年11月19日　第１版第１刷発行

著　者　舛岡はなゑ
発行者　小林成彦
発行所　株式会社ＰＨＰ研究所
東京本部　〒102-8331　千代田区一番町21
書籍第二部　☎03-3239-6227（編集）
普及一部　☎03-3239-6233（販売）
京都本部　〒601-8411　京都市南区西九条北ノ内町11
PHP INTERFACE　http://www.php.co.jp/
組　版　朝日メディアインターナショナル株式会社
印刷所
製本所　図書印刷株式会社

ISBN978-4-569-80841-3